AF289842

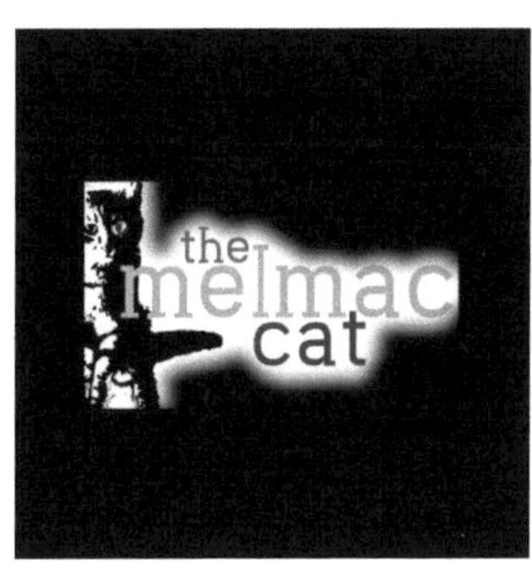
the
melmac
cat

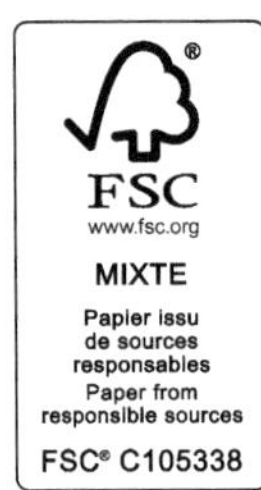

Édition : BoD – Books on Demand,
12/14 rond-point des Champs-Élysées, 75008 Paris
Impression : BoD - Books on Demand, Norderstedt, Allemagne
ISBN : 9782322381395
Dépôt légal : Septembre 2021

The Melmac Cat

présente

boloniaise

sketchbook #01

Melmac > Pop

est une collection de

THE MELMAC CAT

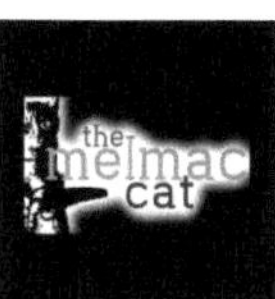

Klein
Cobalt
&
Saphir

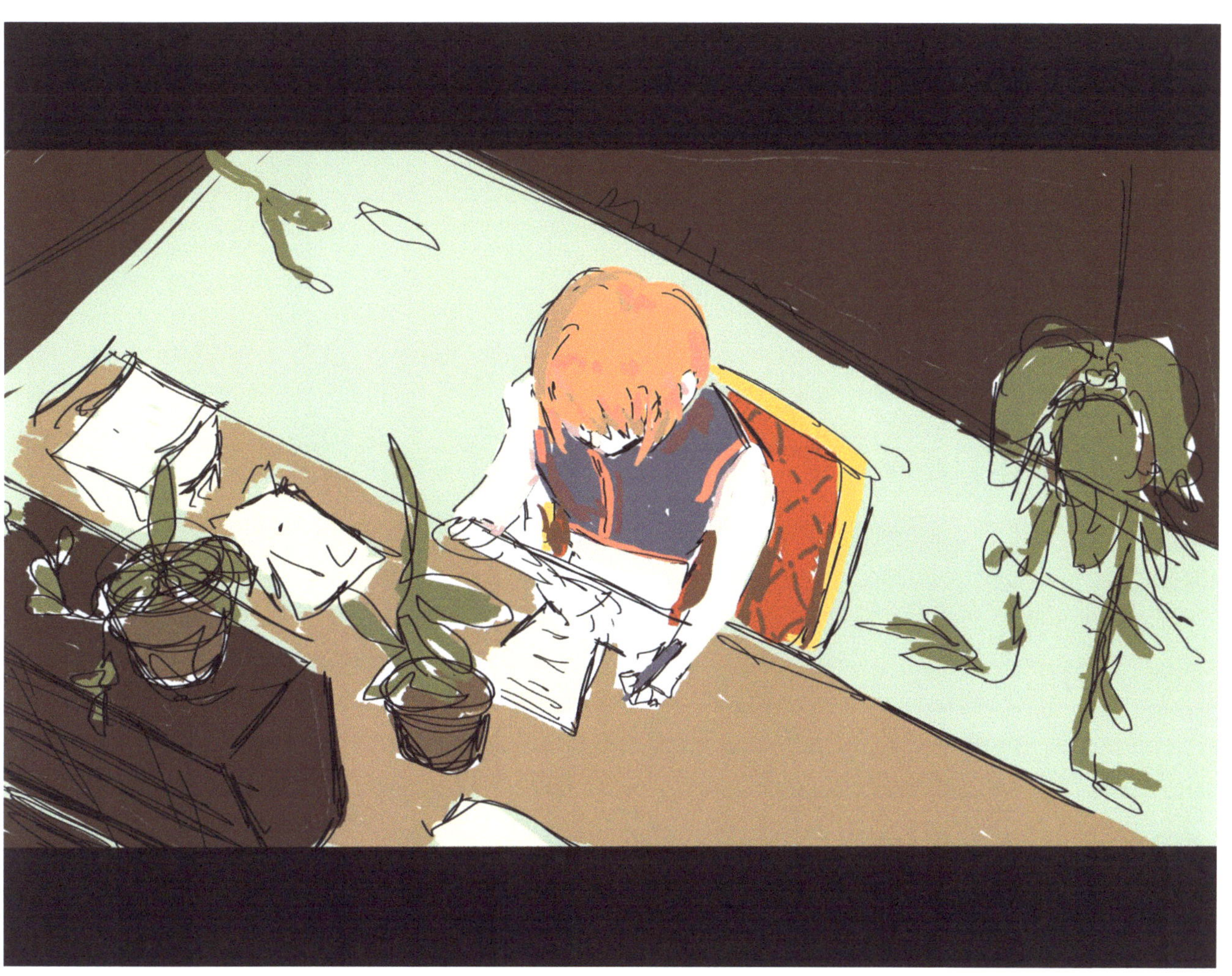

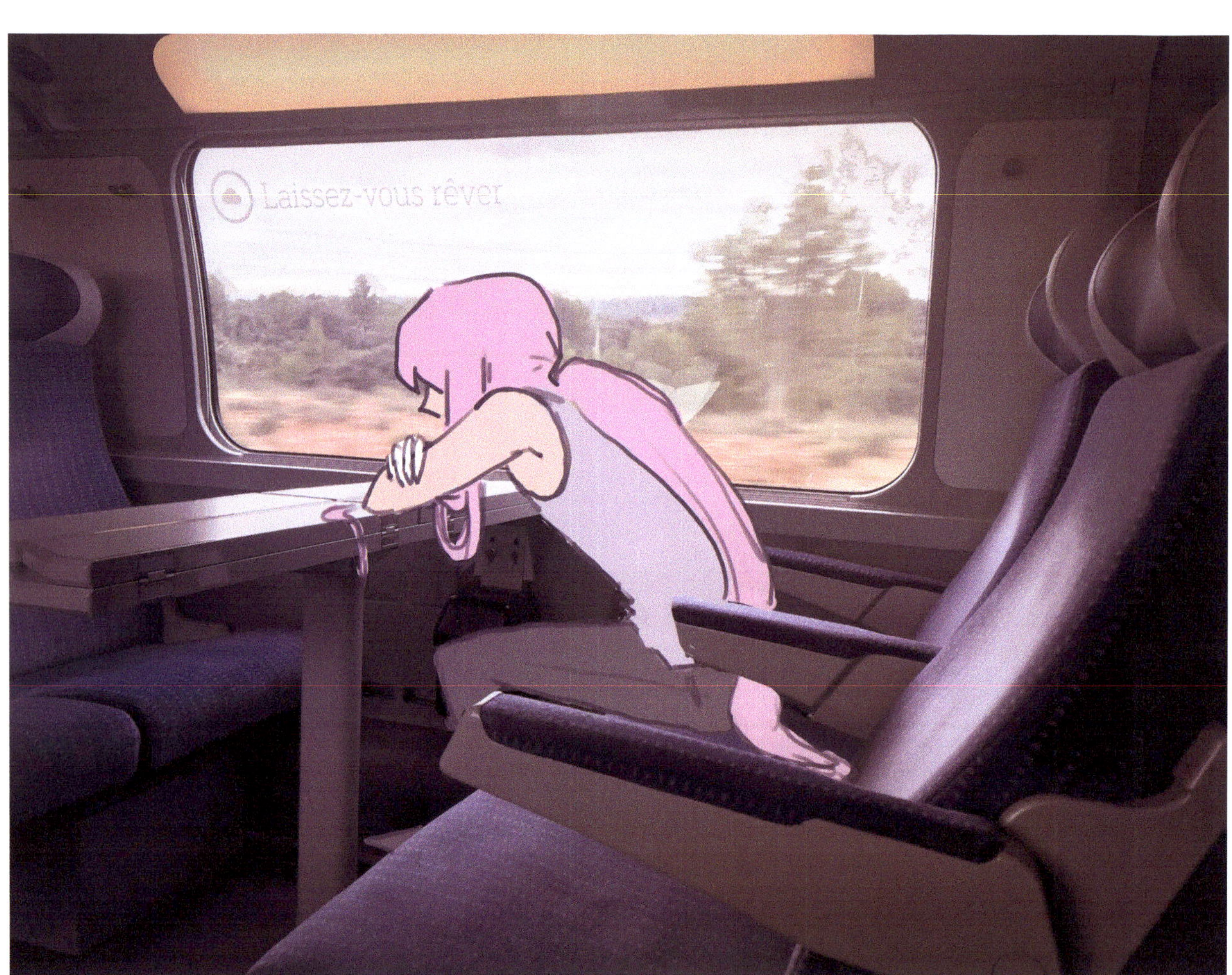
Laissez-vous rêver

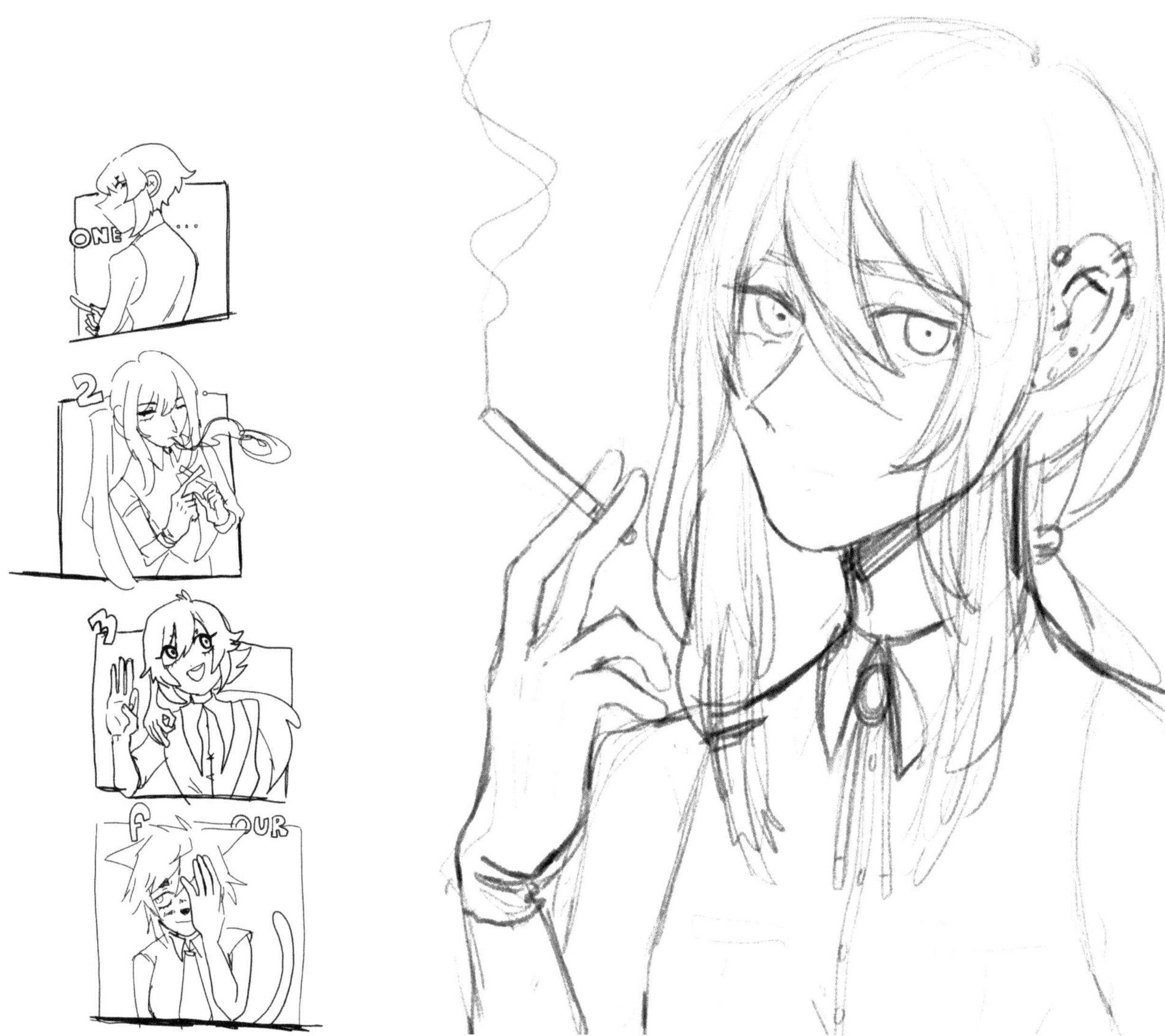
ONE . . .
2
3
F   OUR

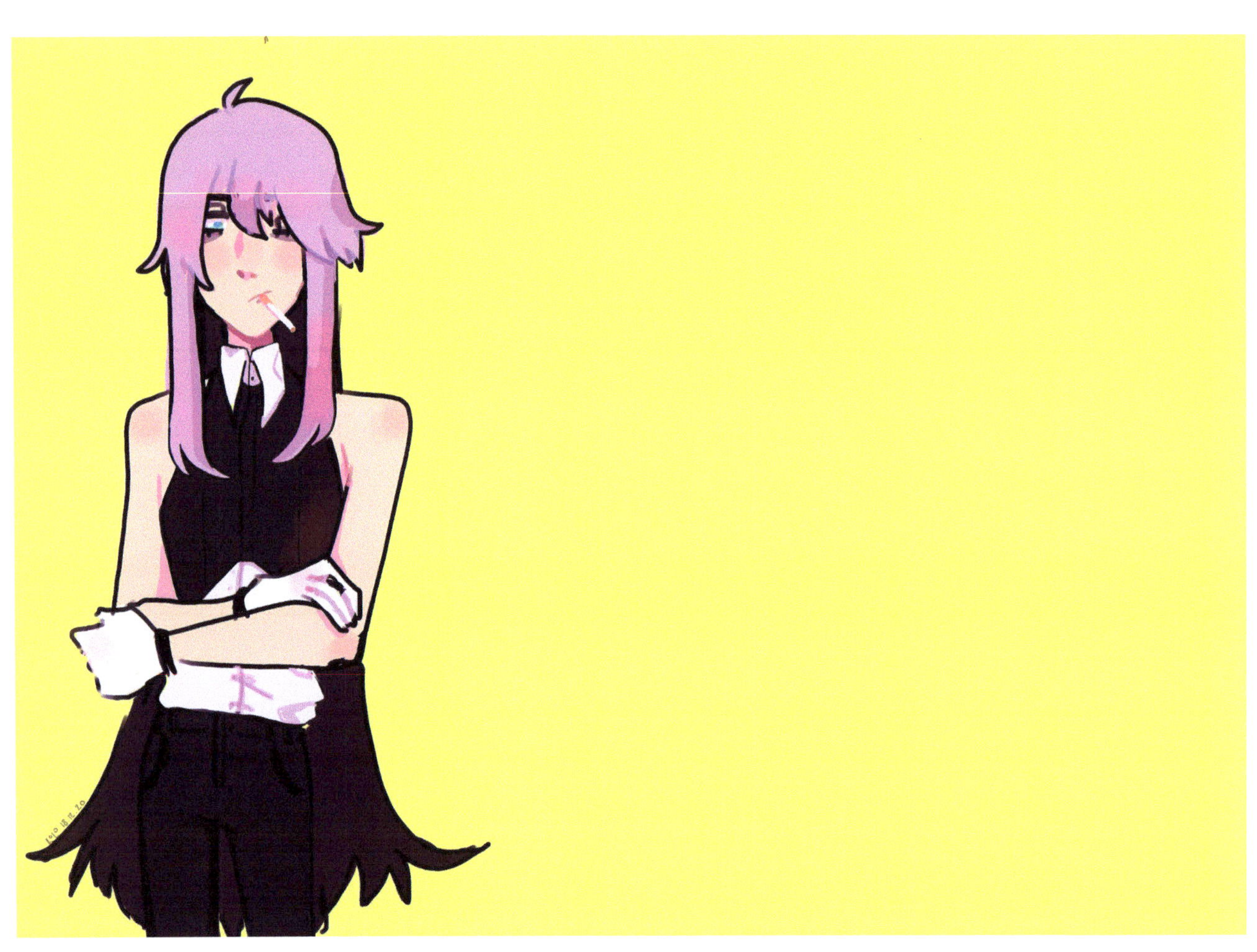

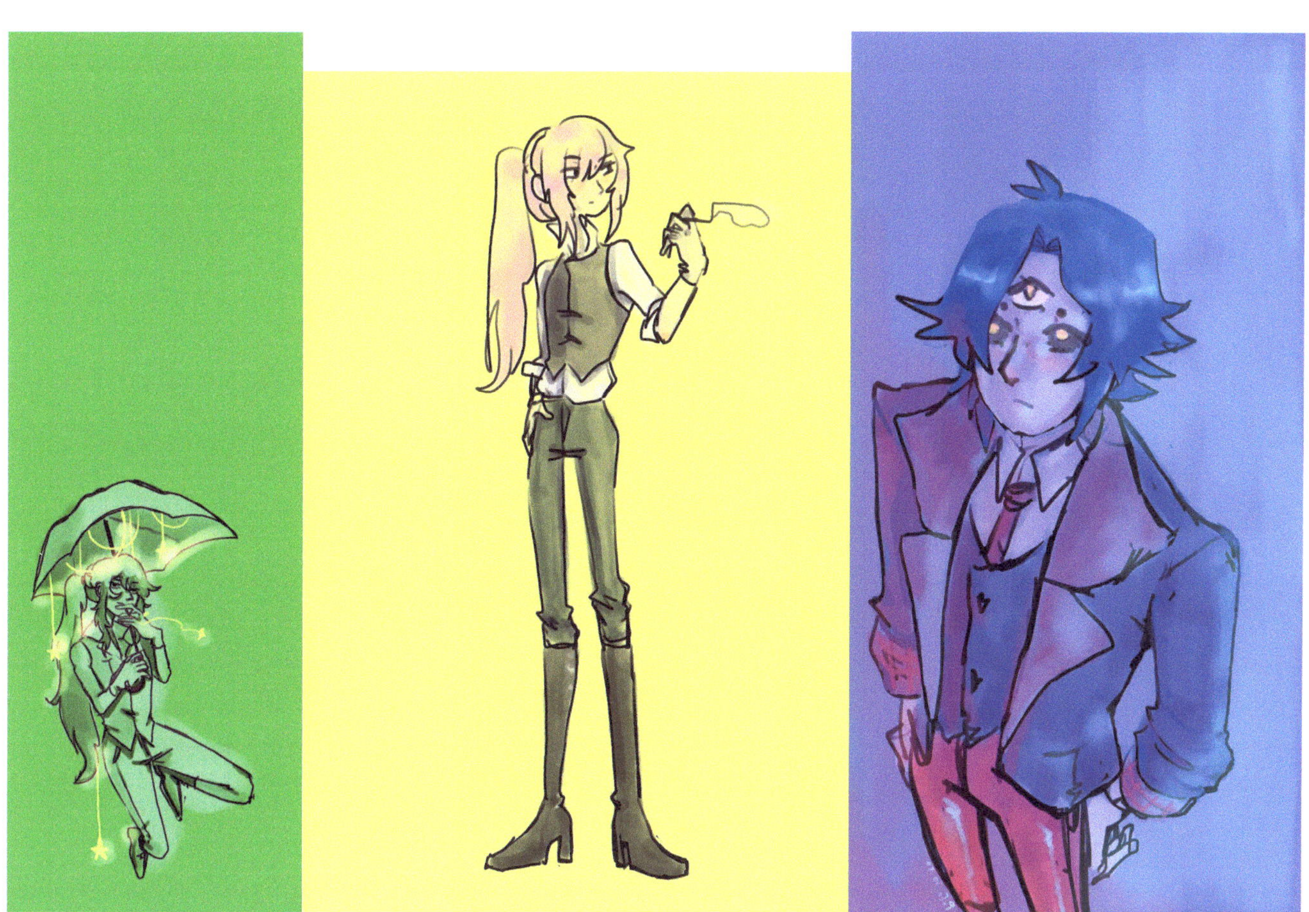

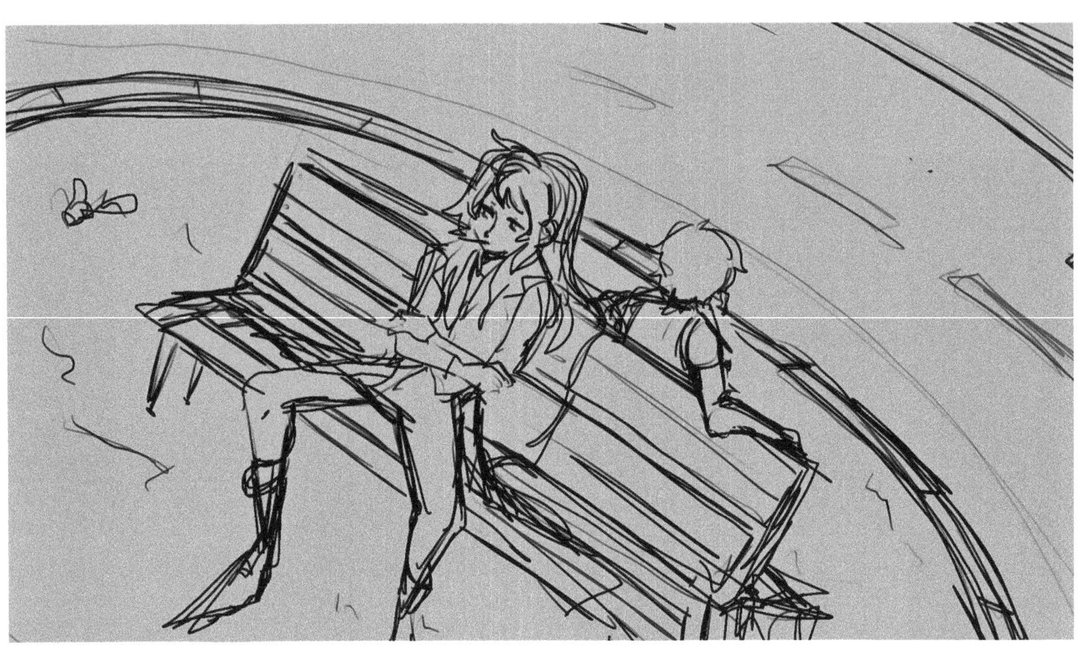

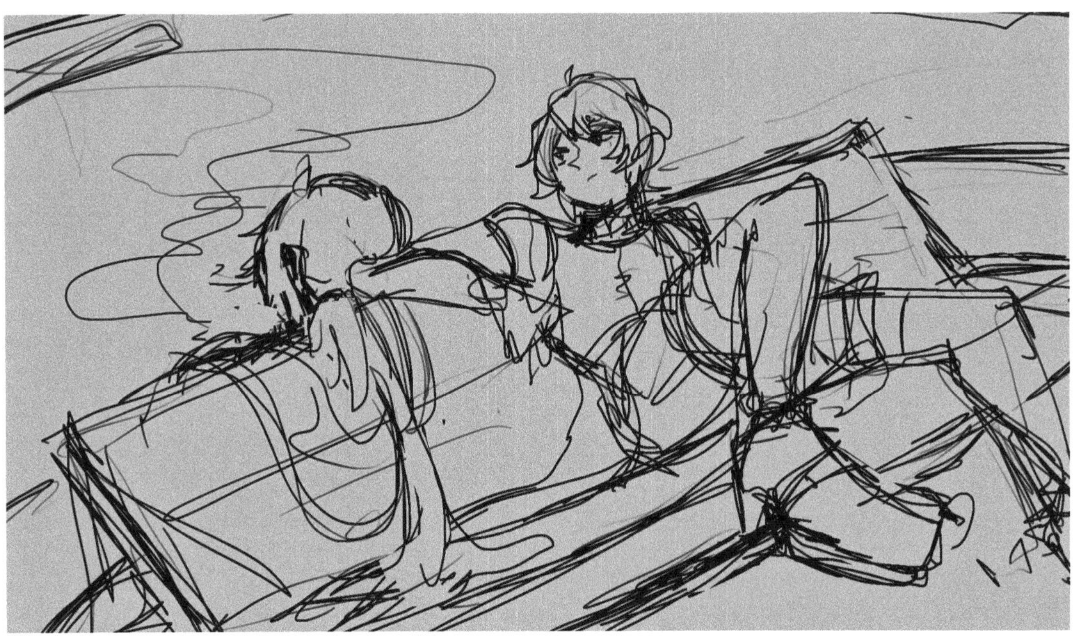

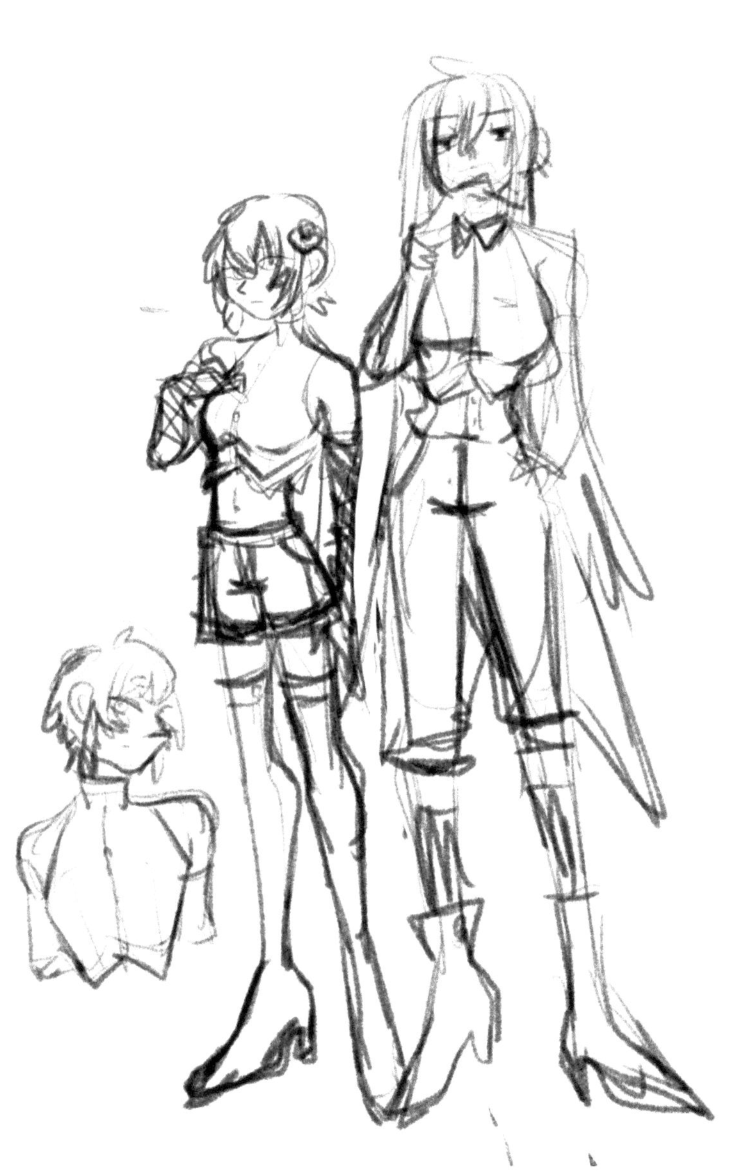

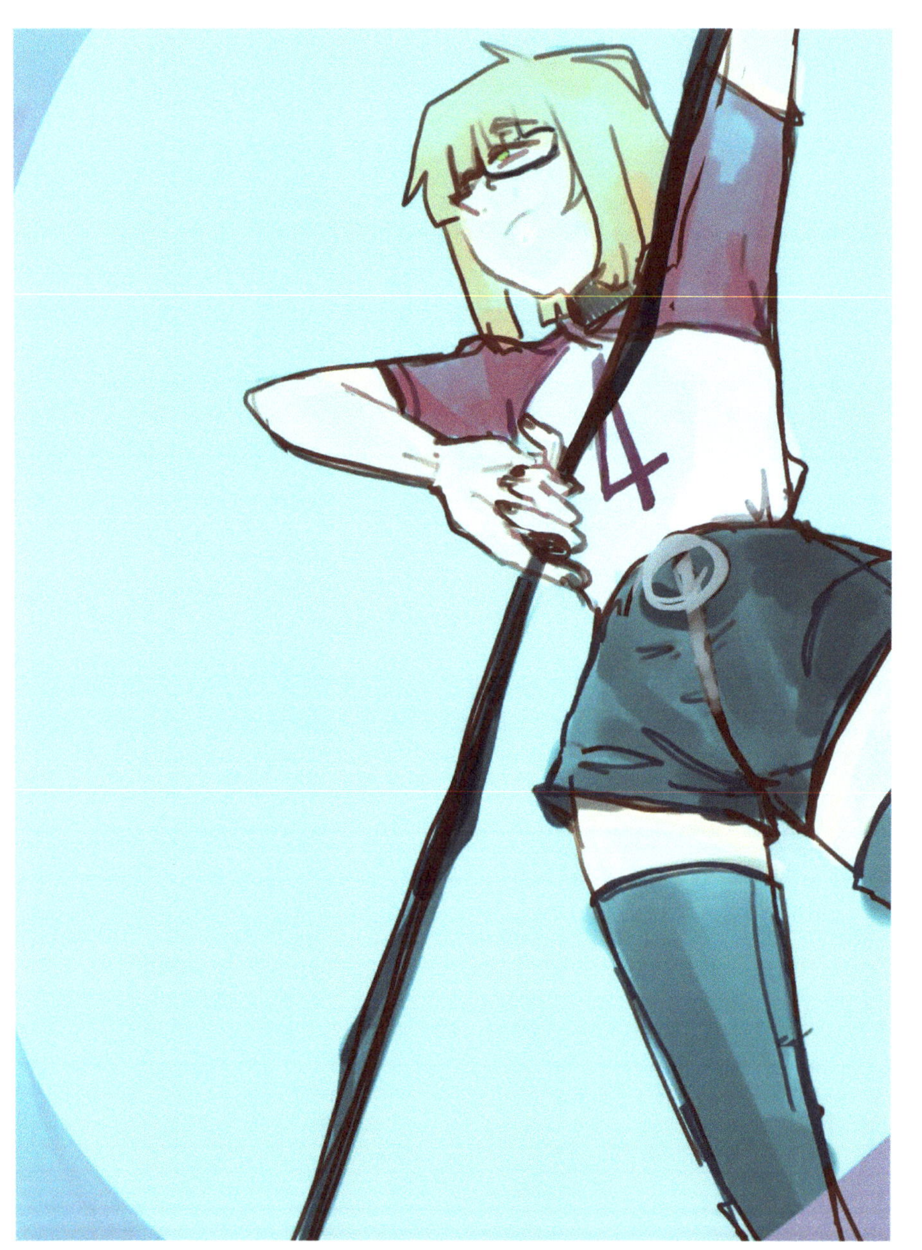

Klaus

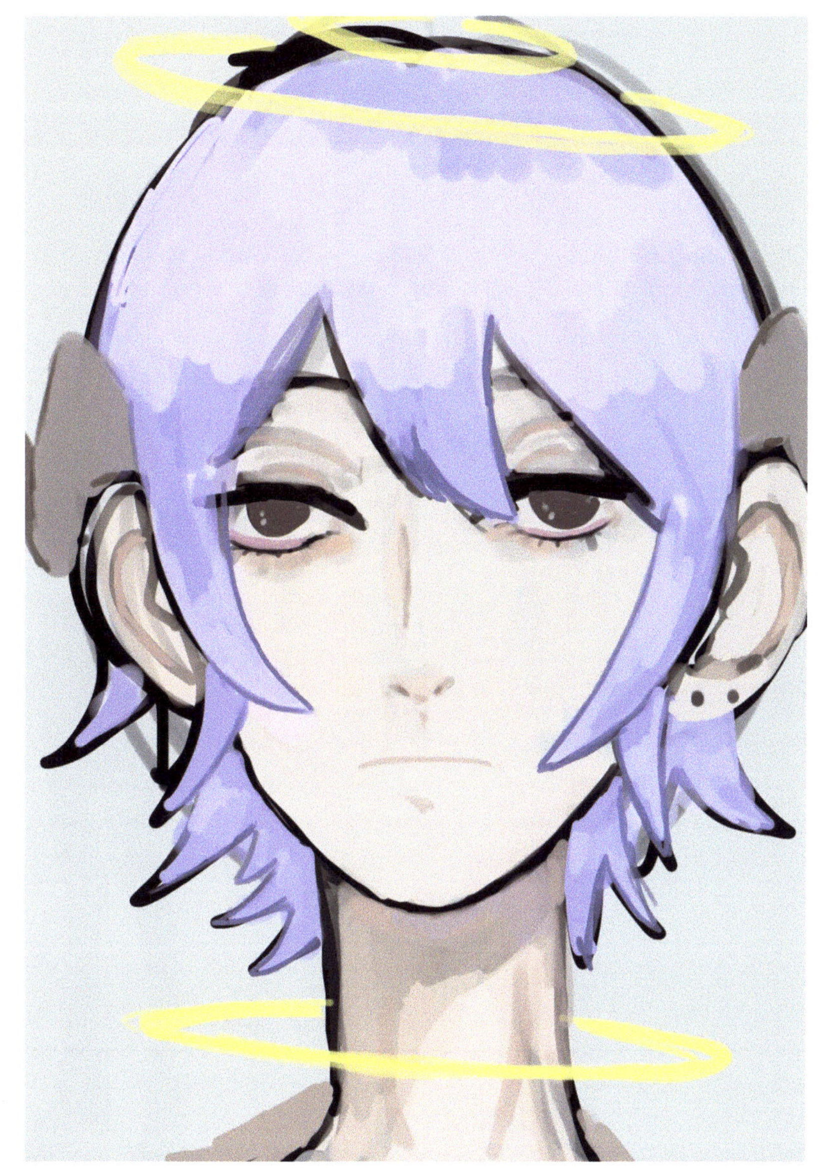

Bételgeuse
Rigel
&
Orion

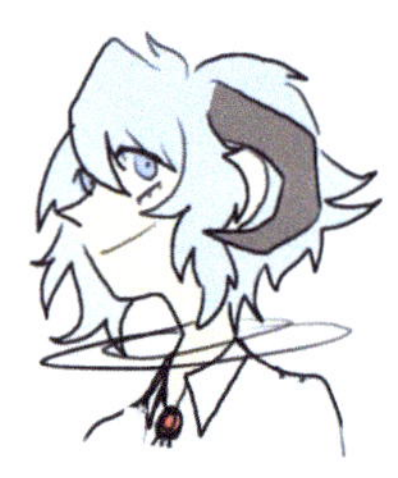
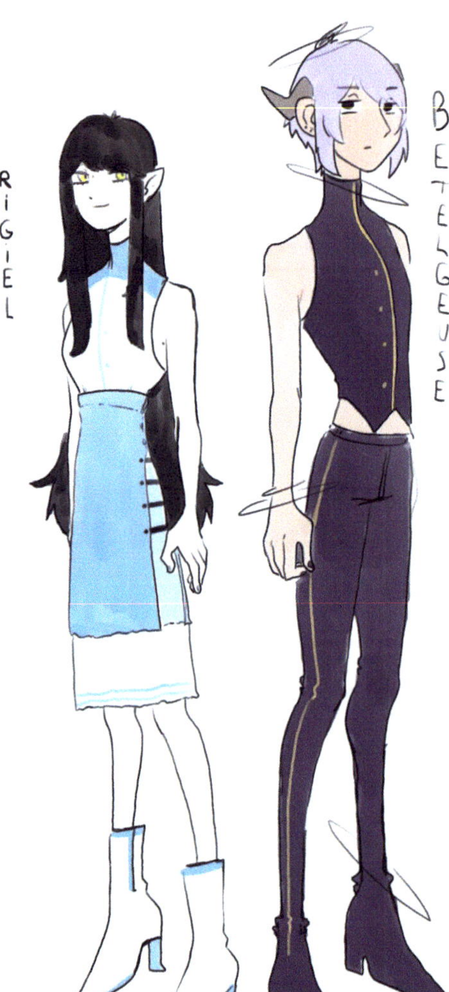

RIGEL
BETELGEUSE

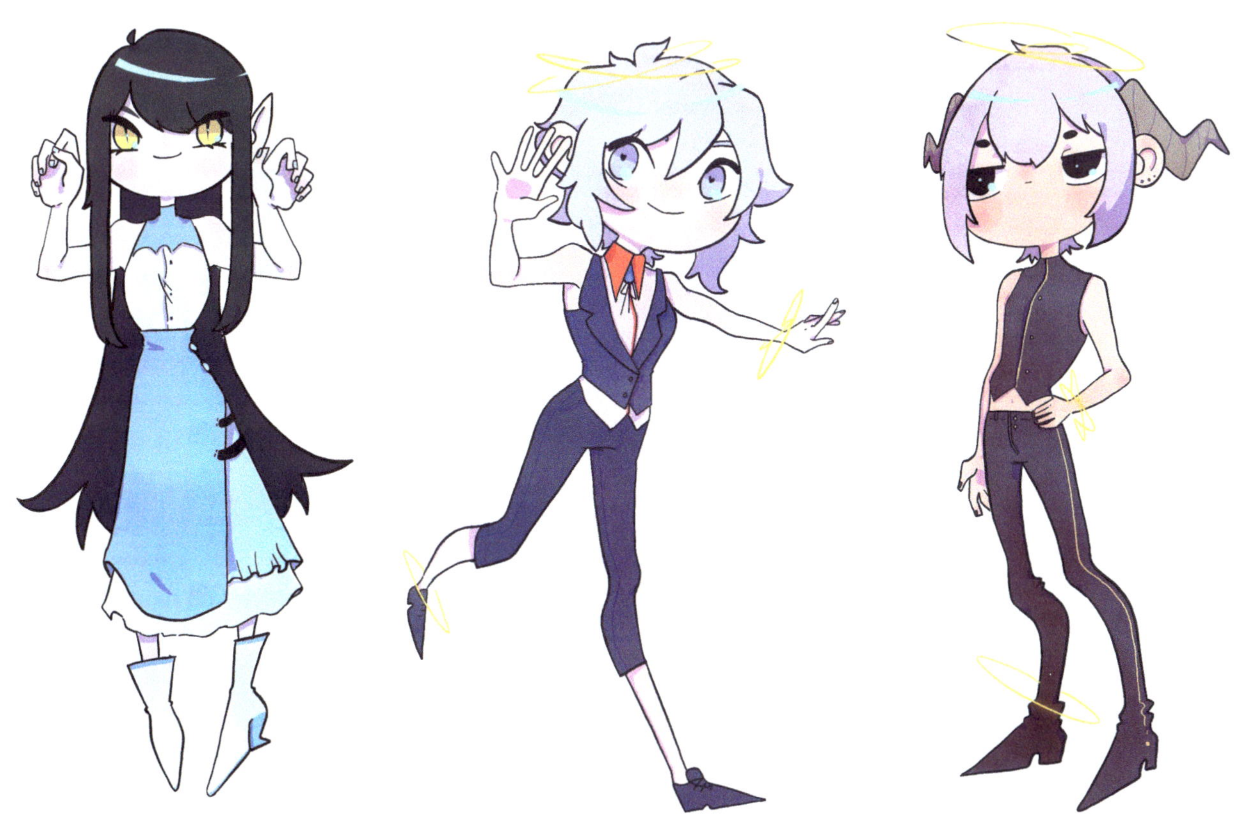

Suri-
Mhi

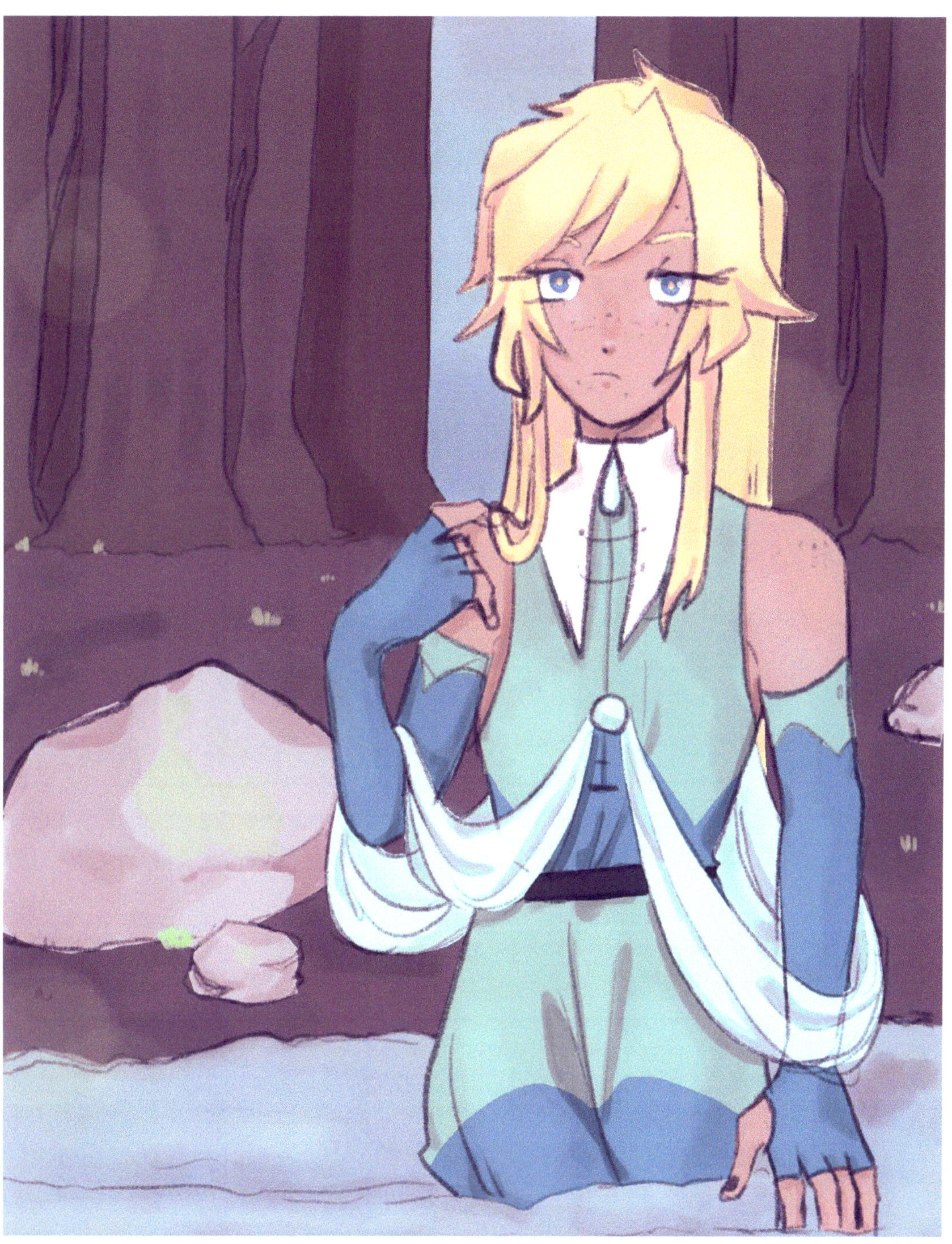

Linne & Sasha

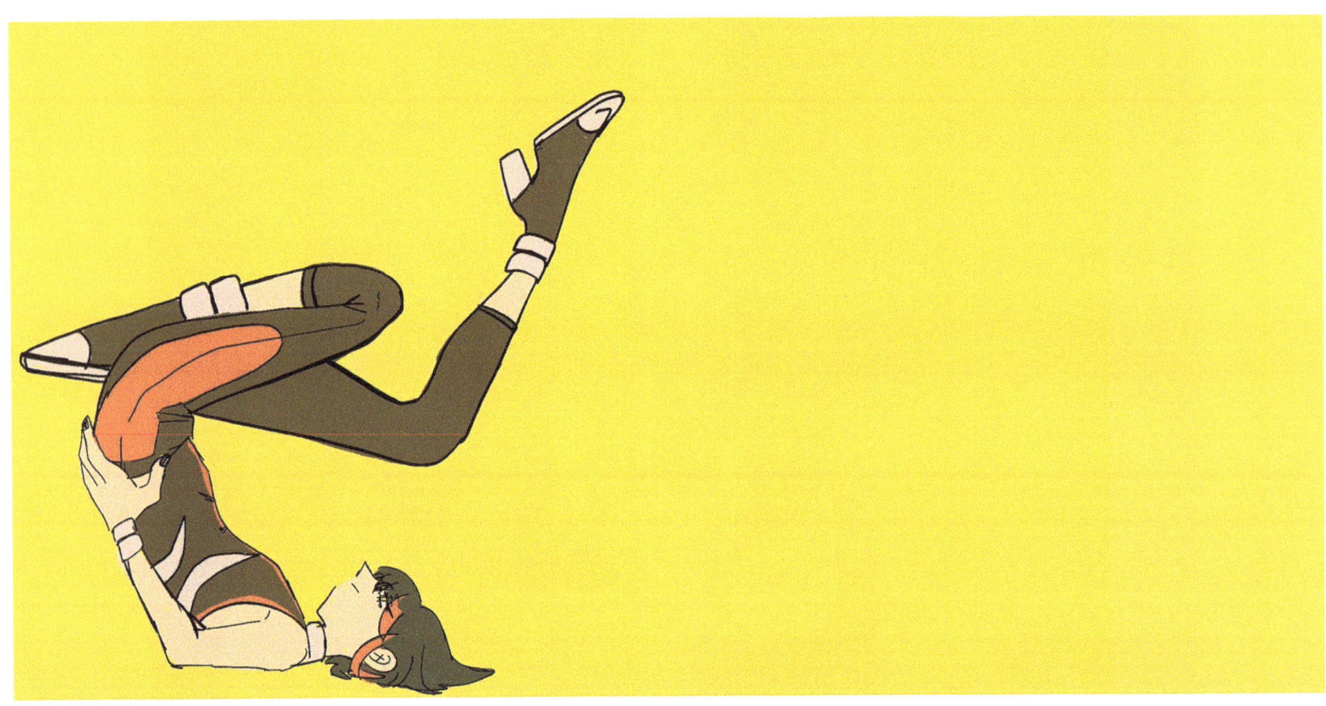

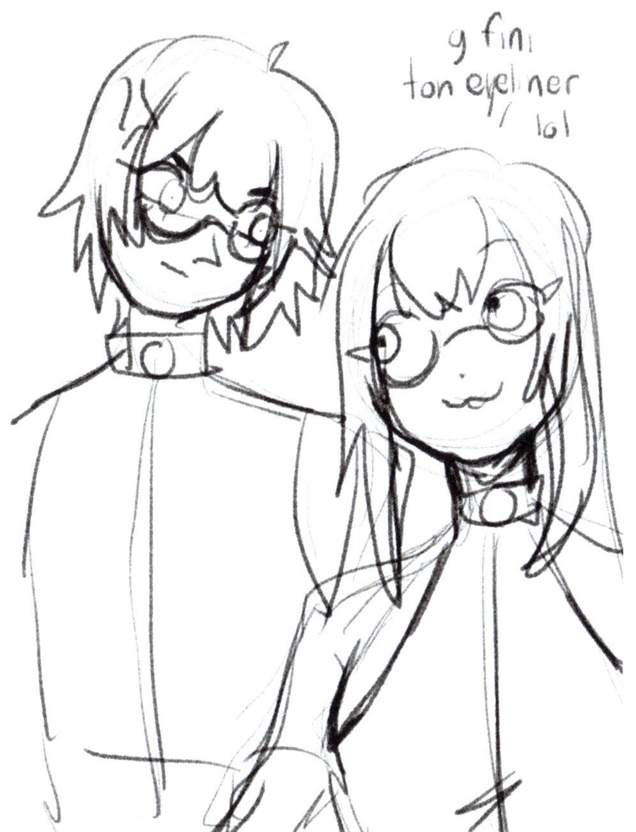

g fini
ton eyeliner
lol

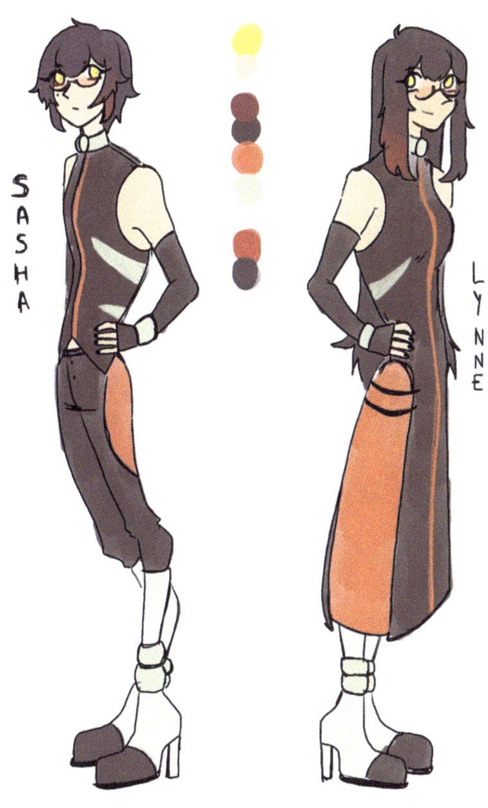

SASHA
LYNNE

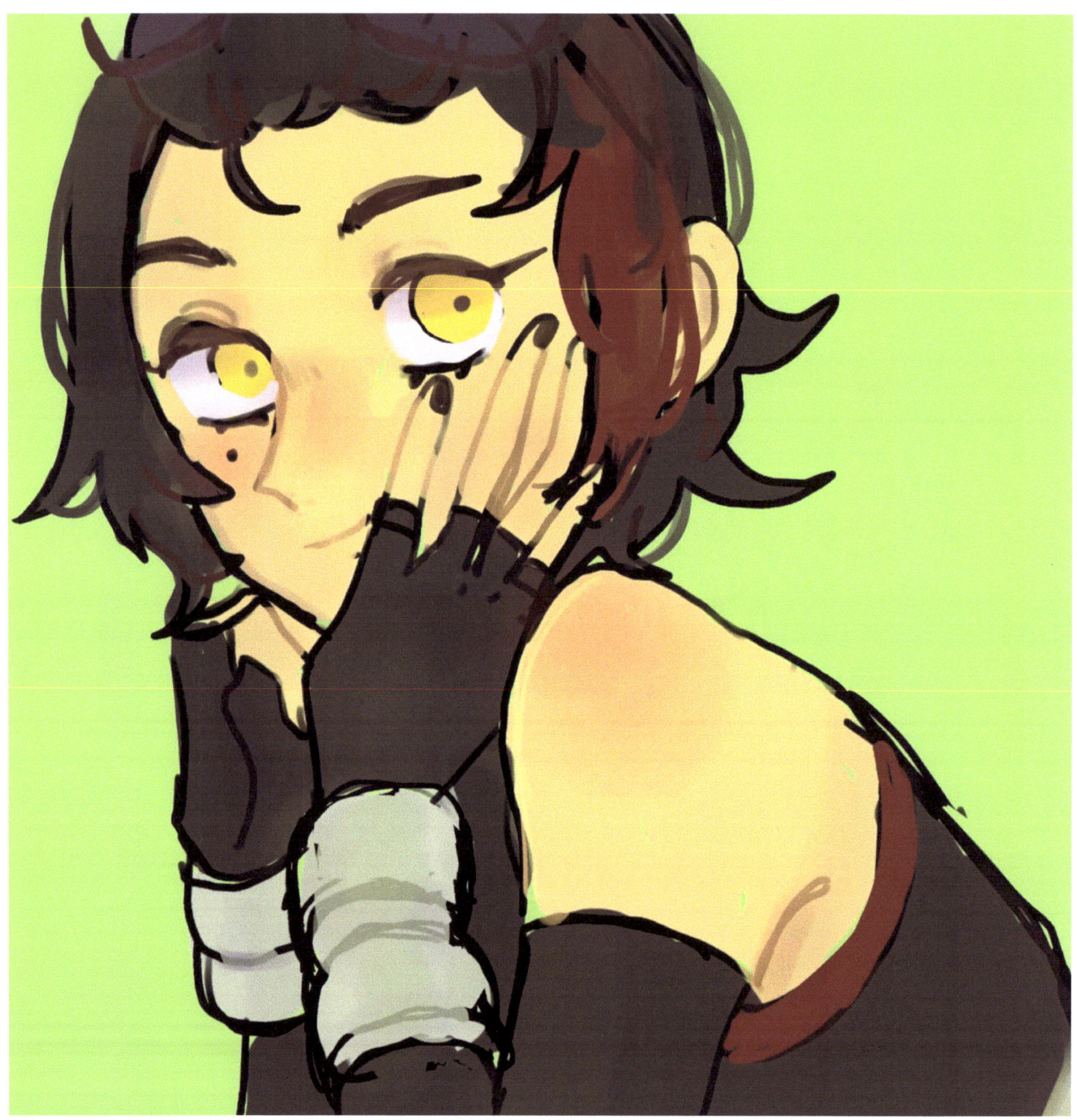

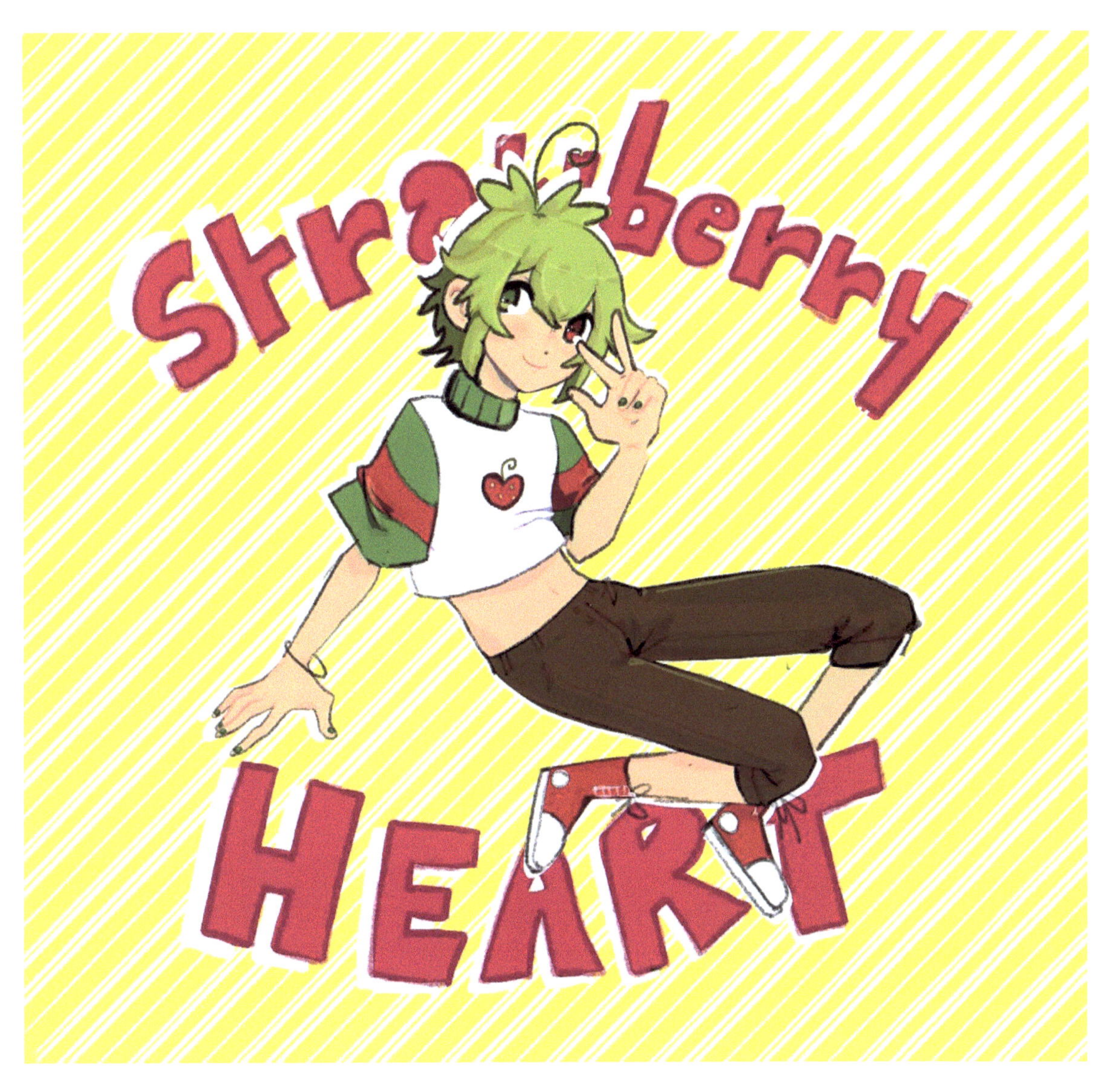
strawberry
HEART
Jelly

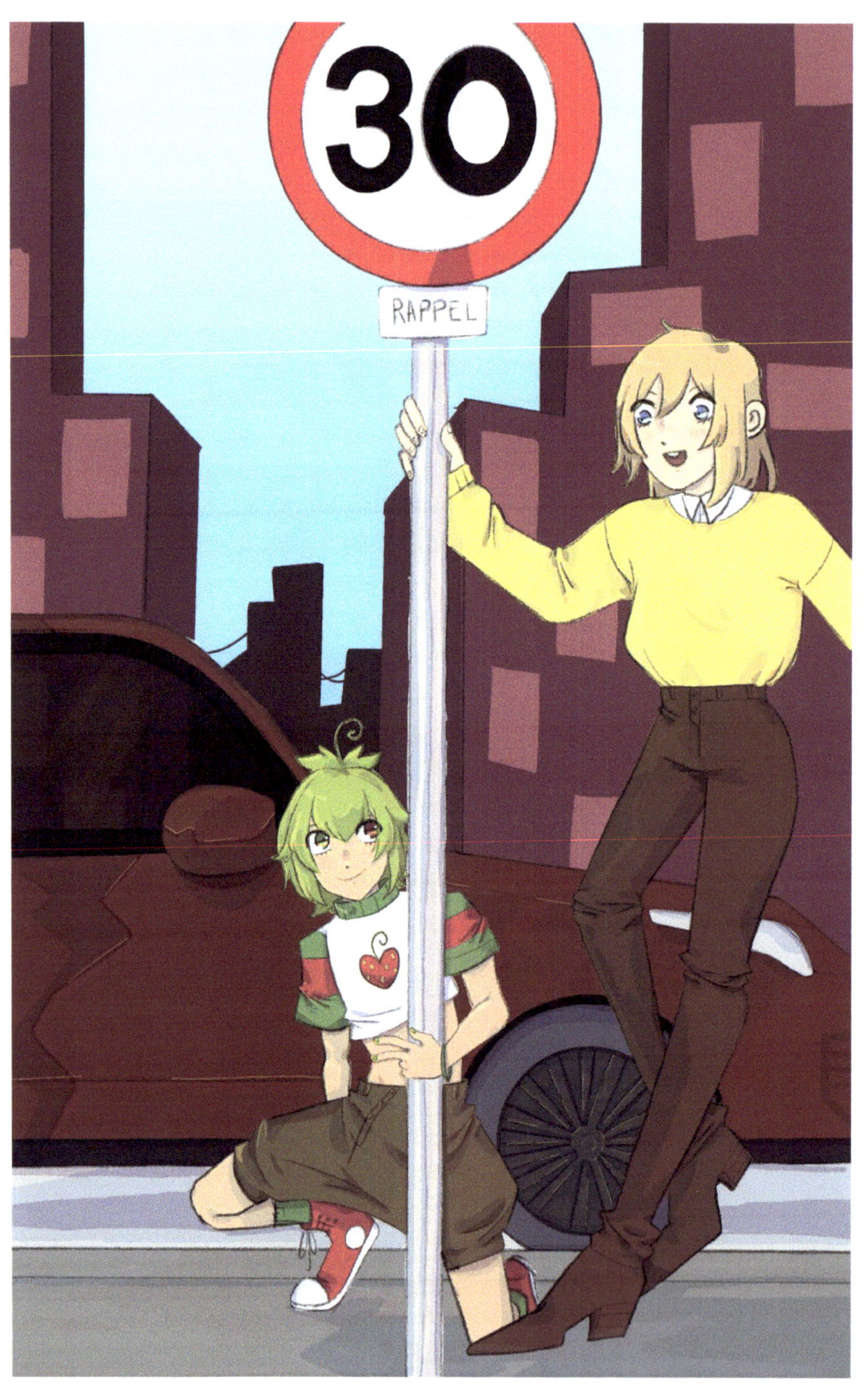

30
RAPPEL

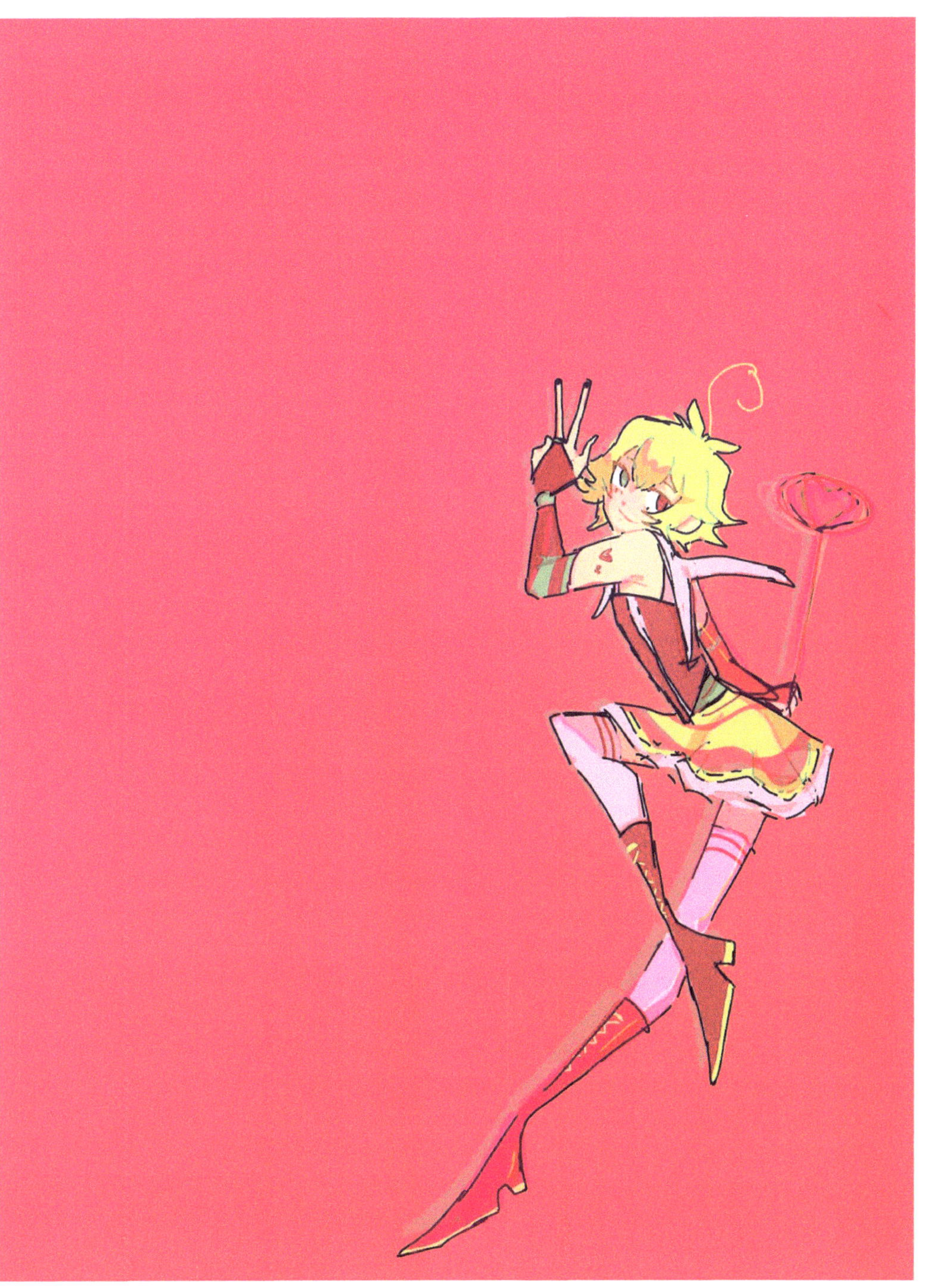

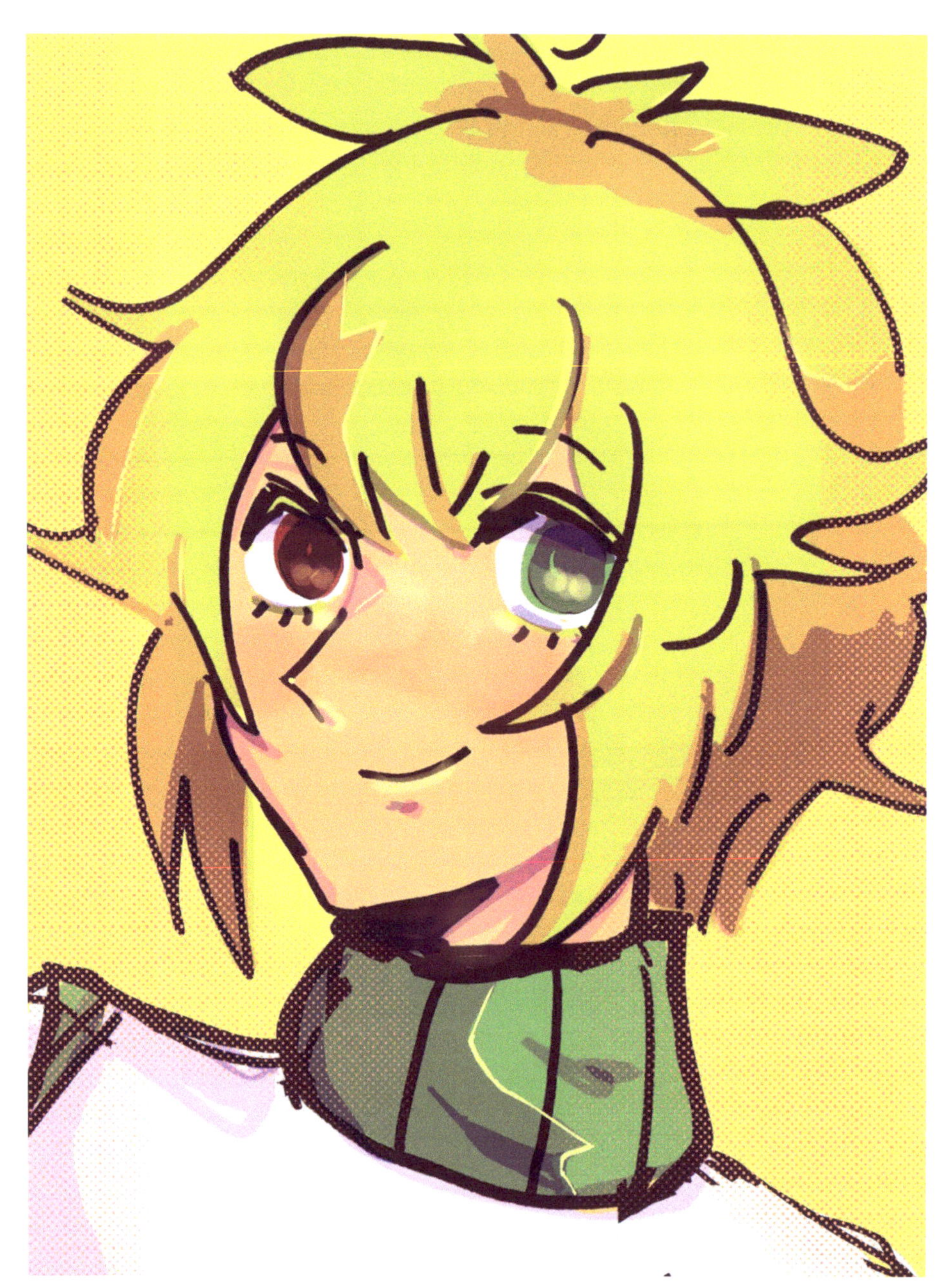

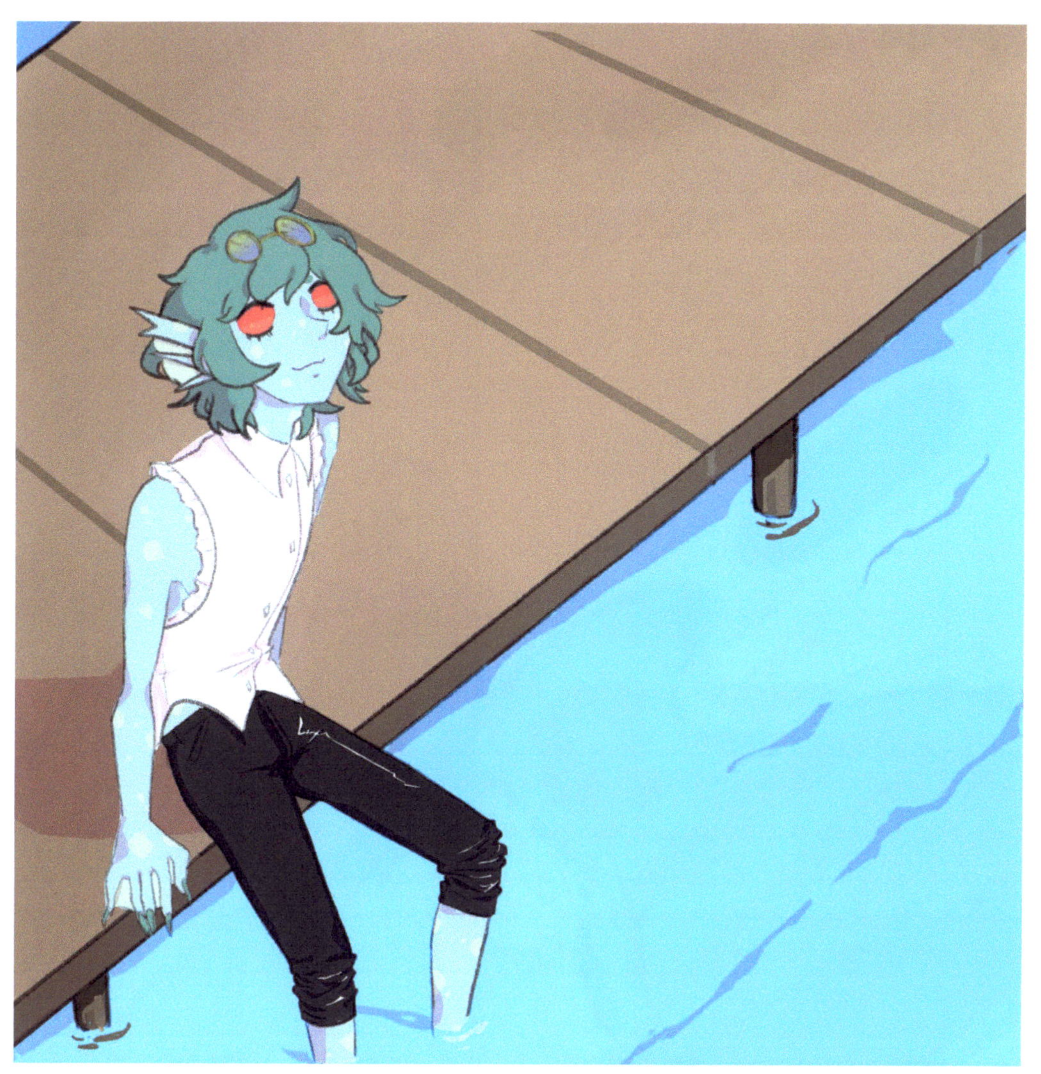

Poiscaille

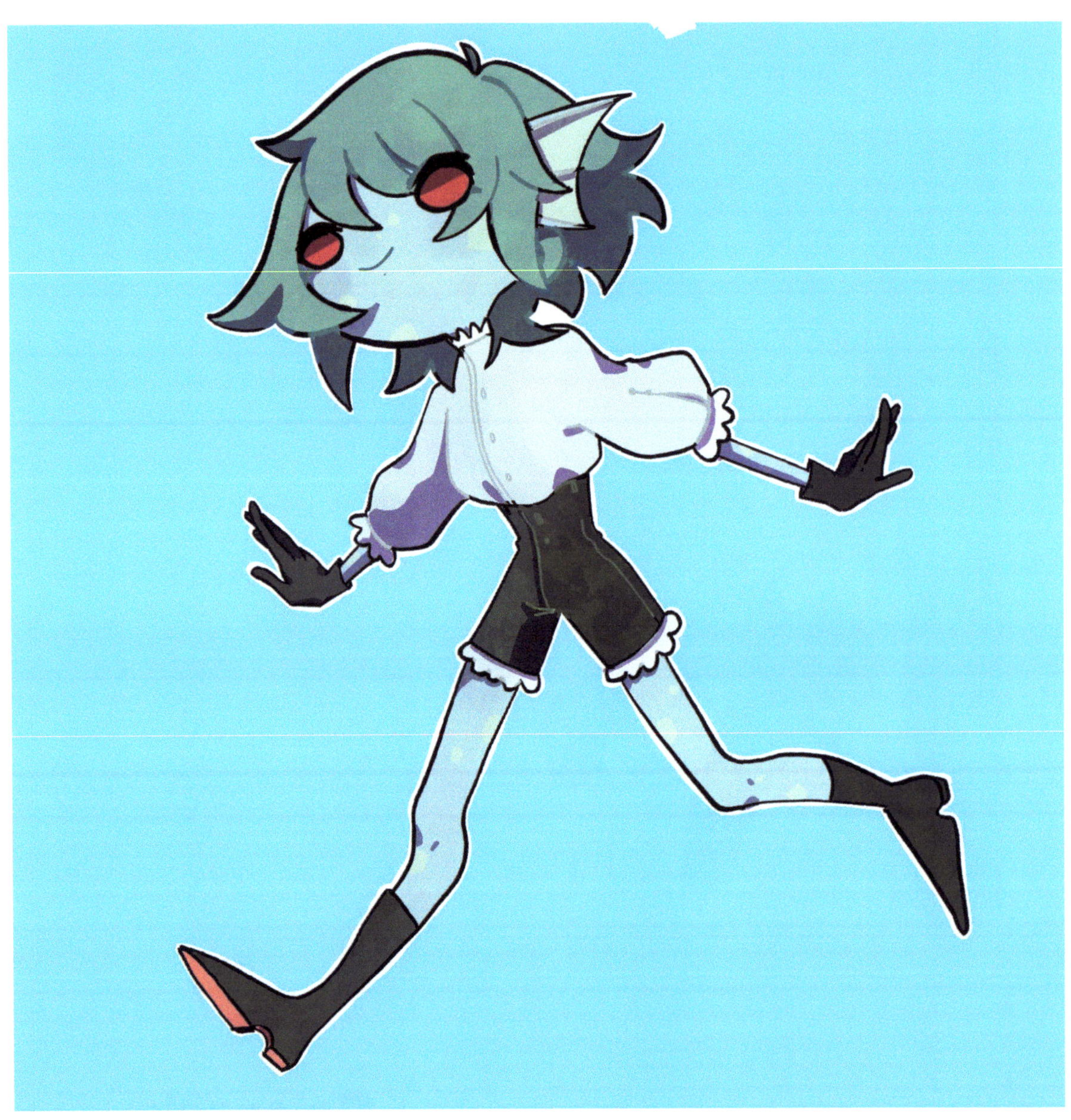

Snuff

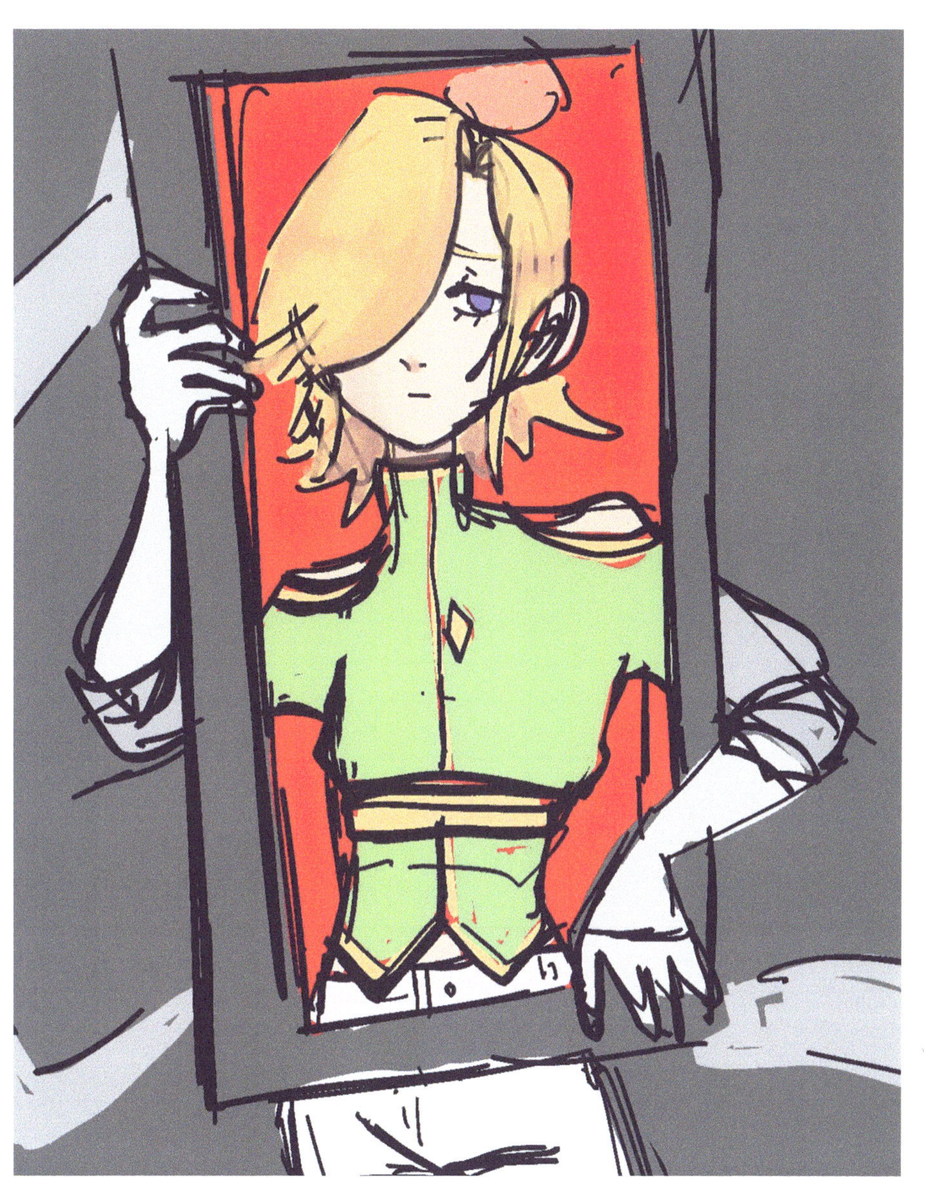

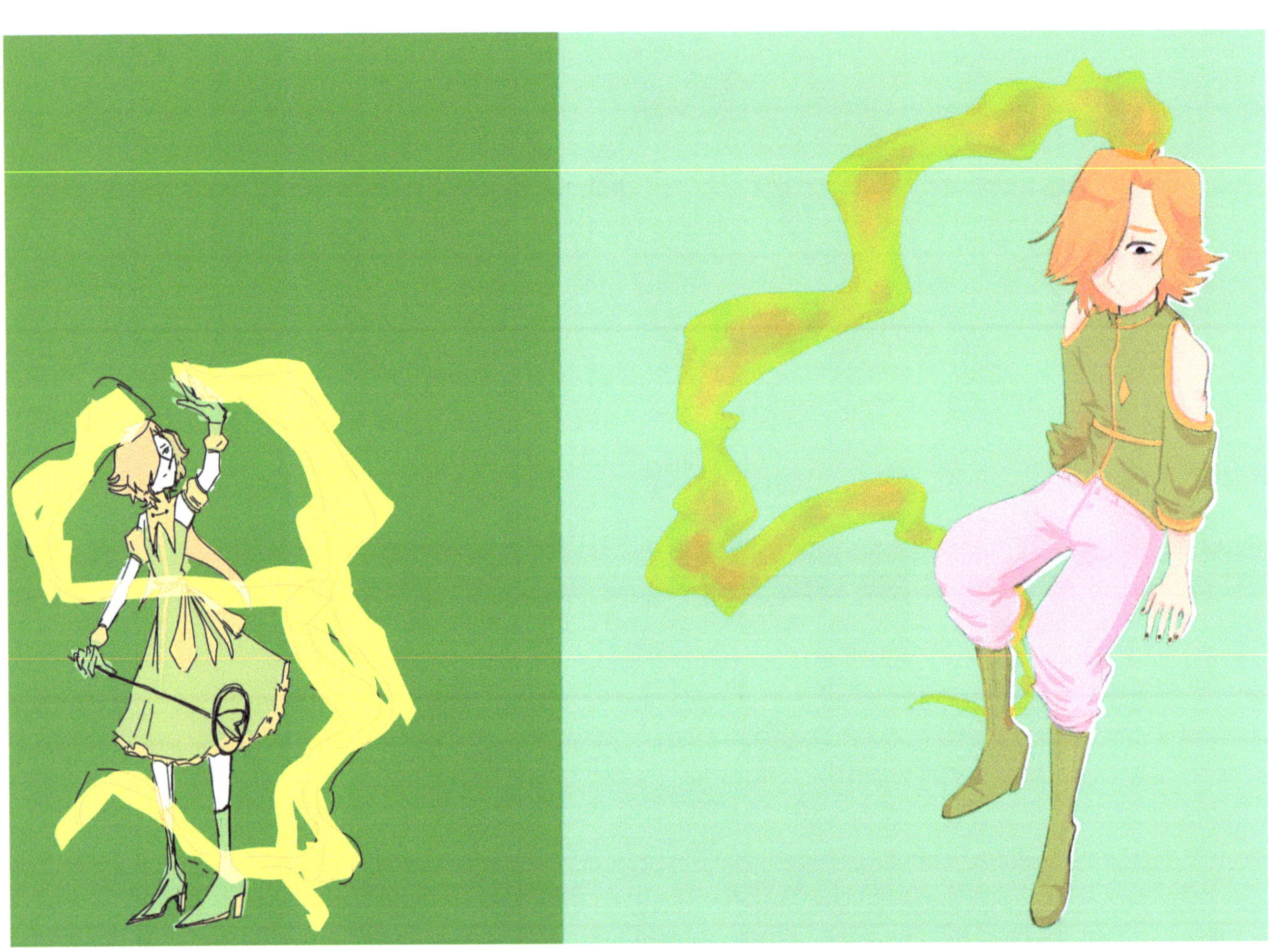

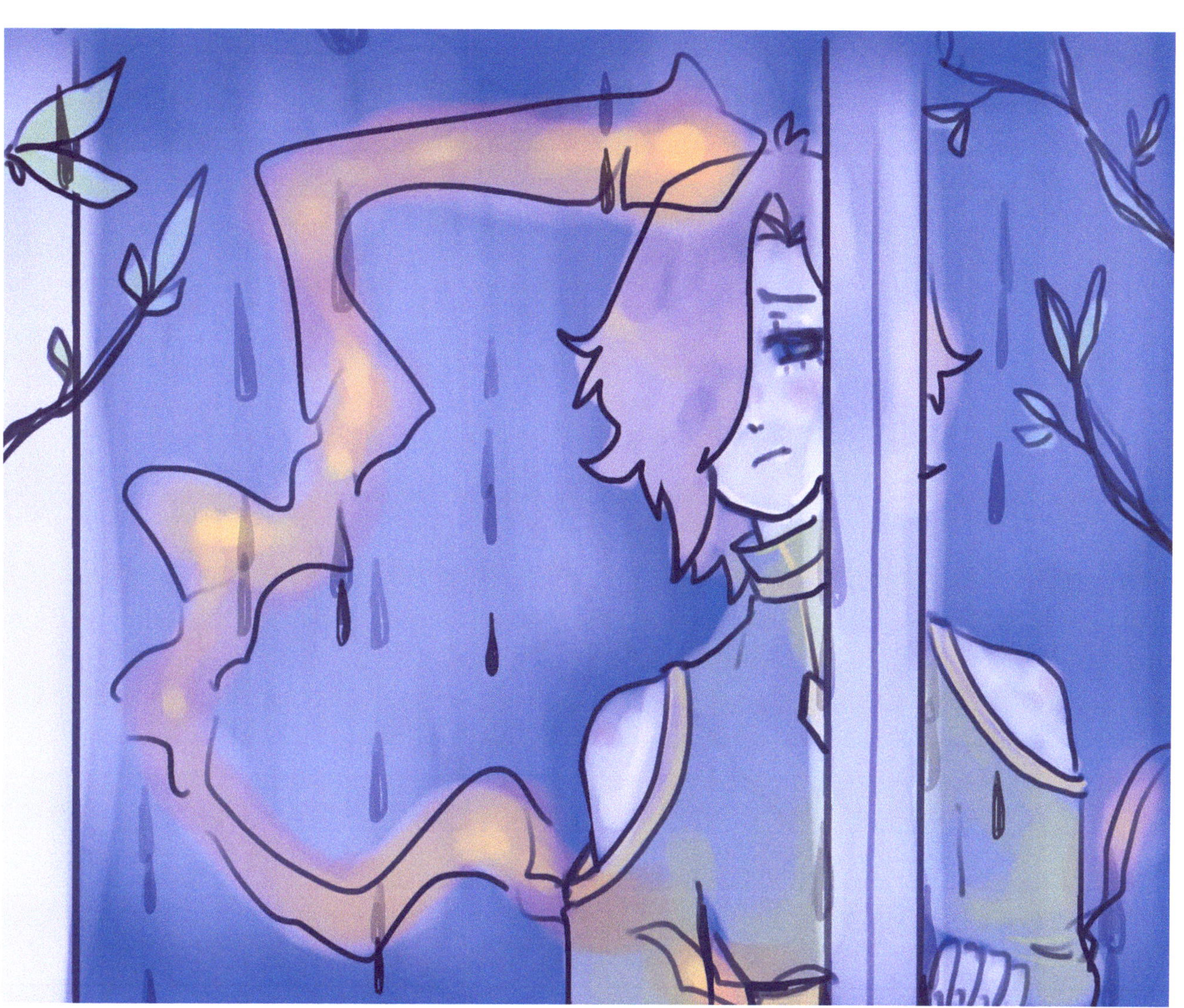

...et tous les autres

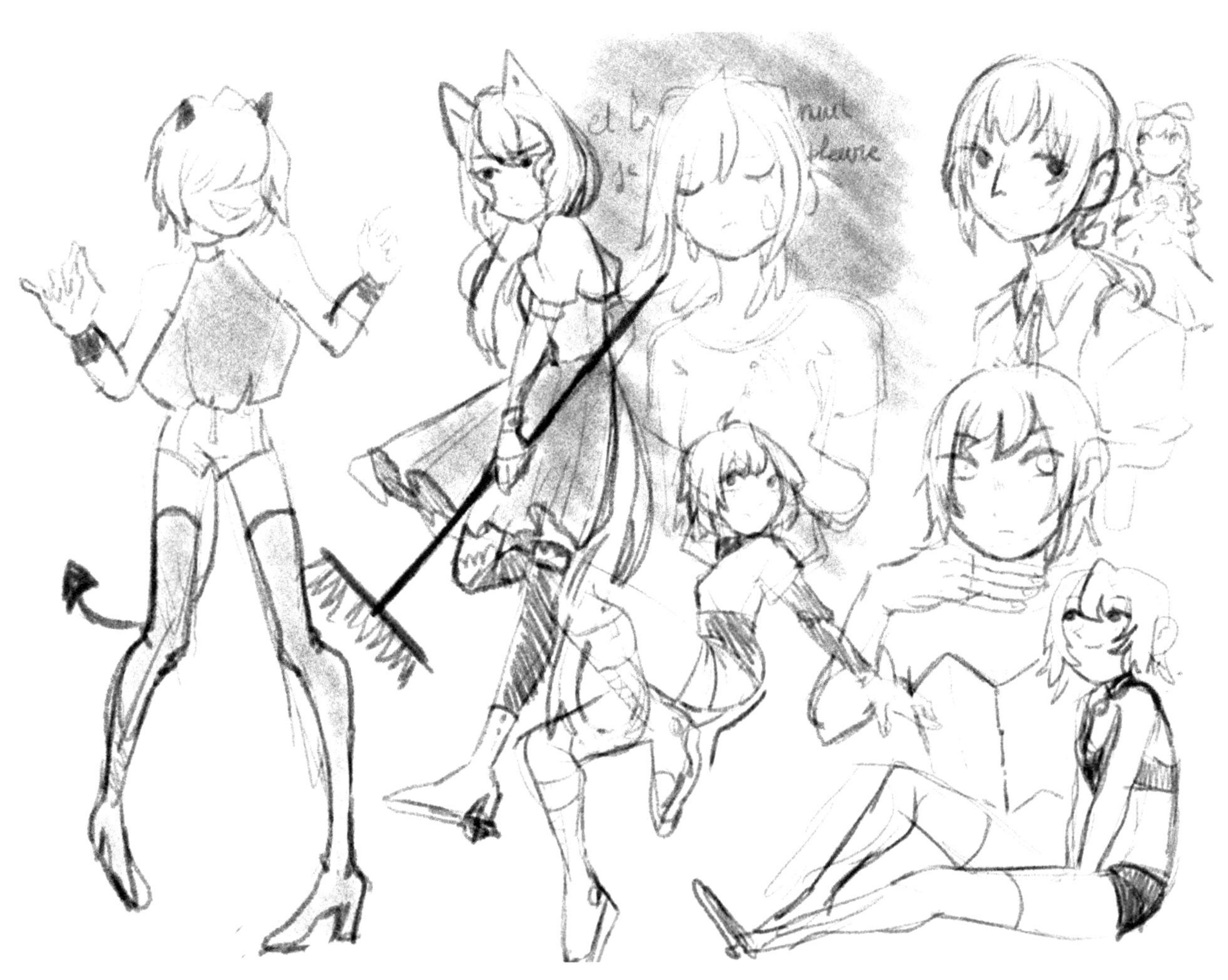

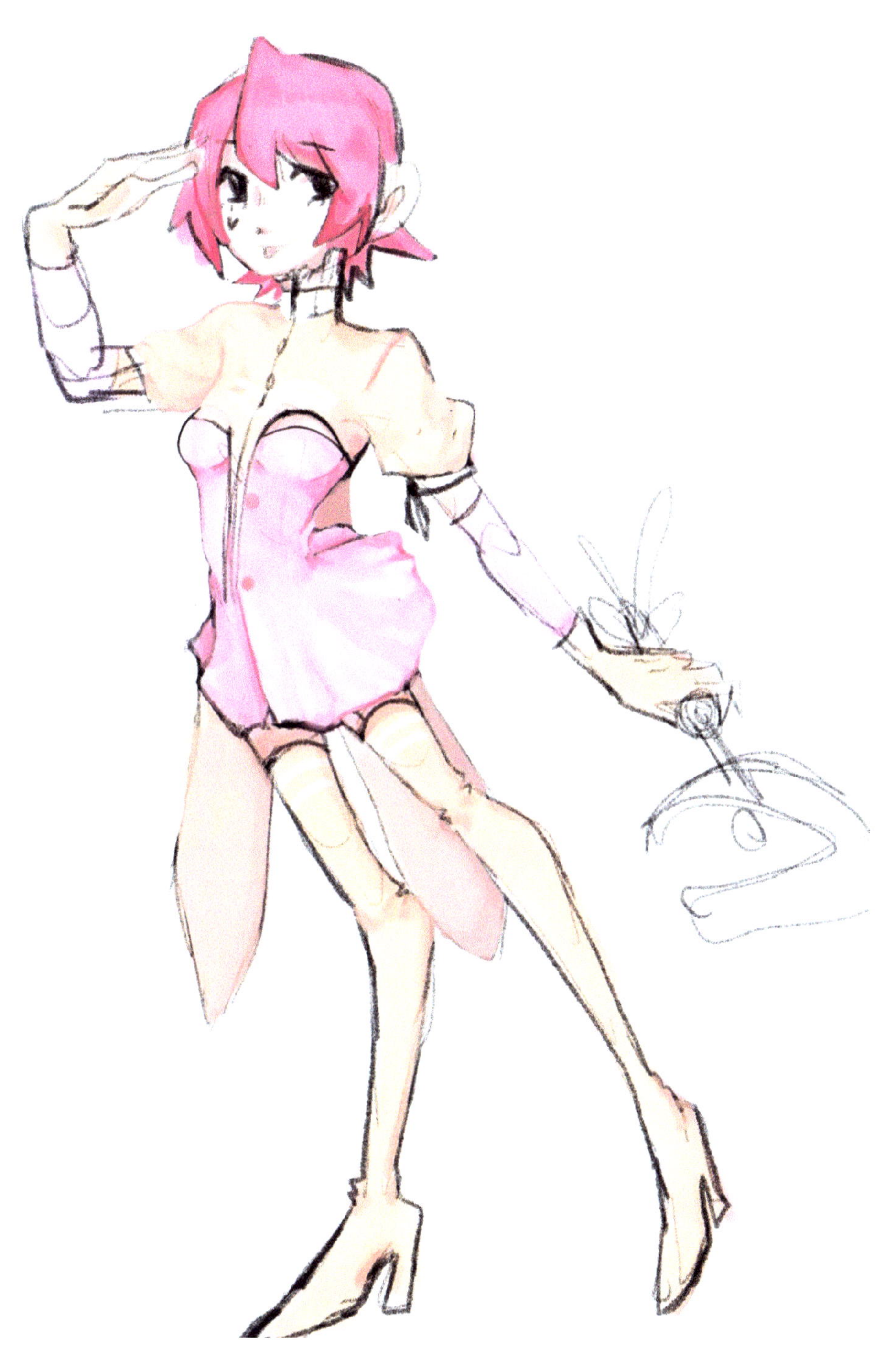

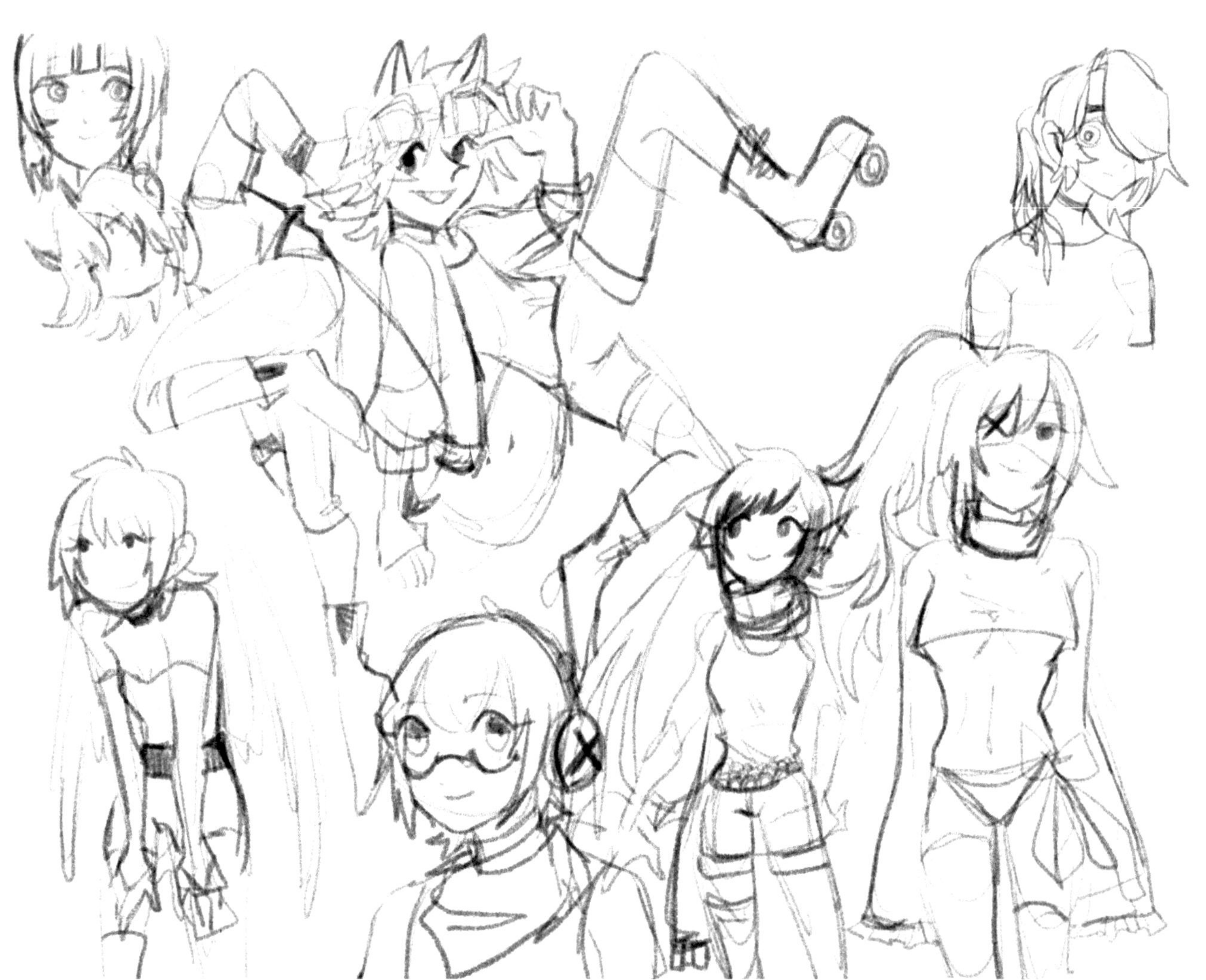

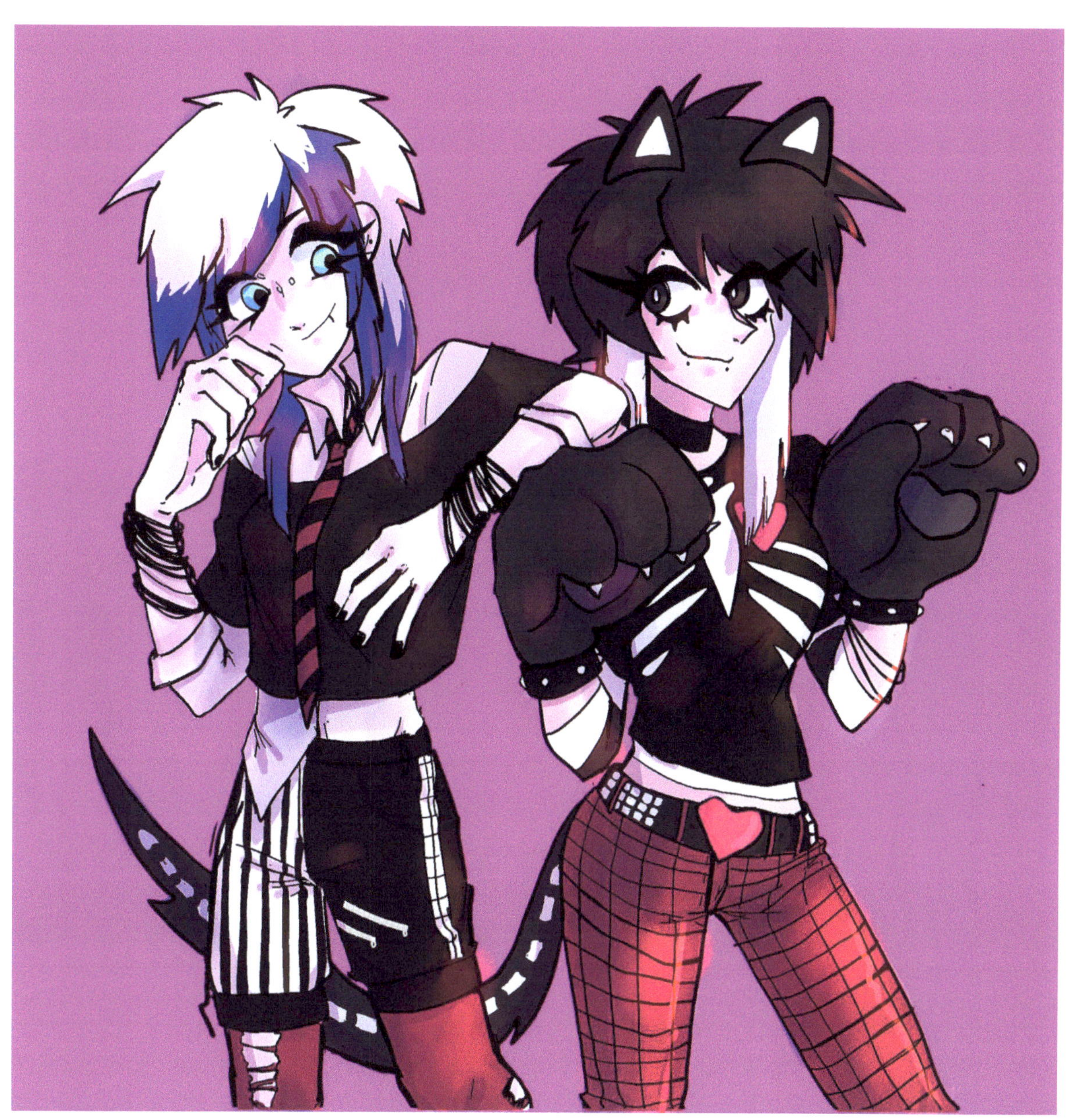

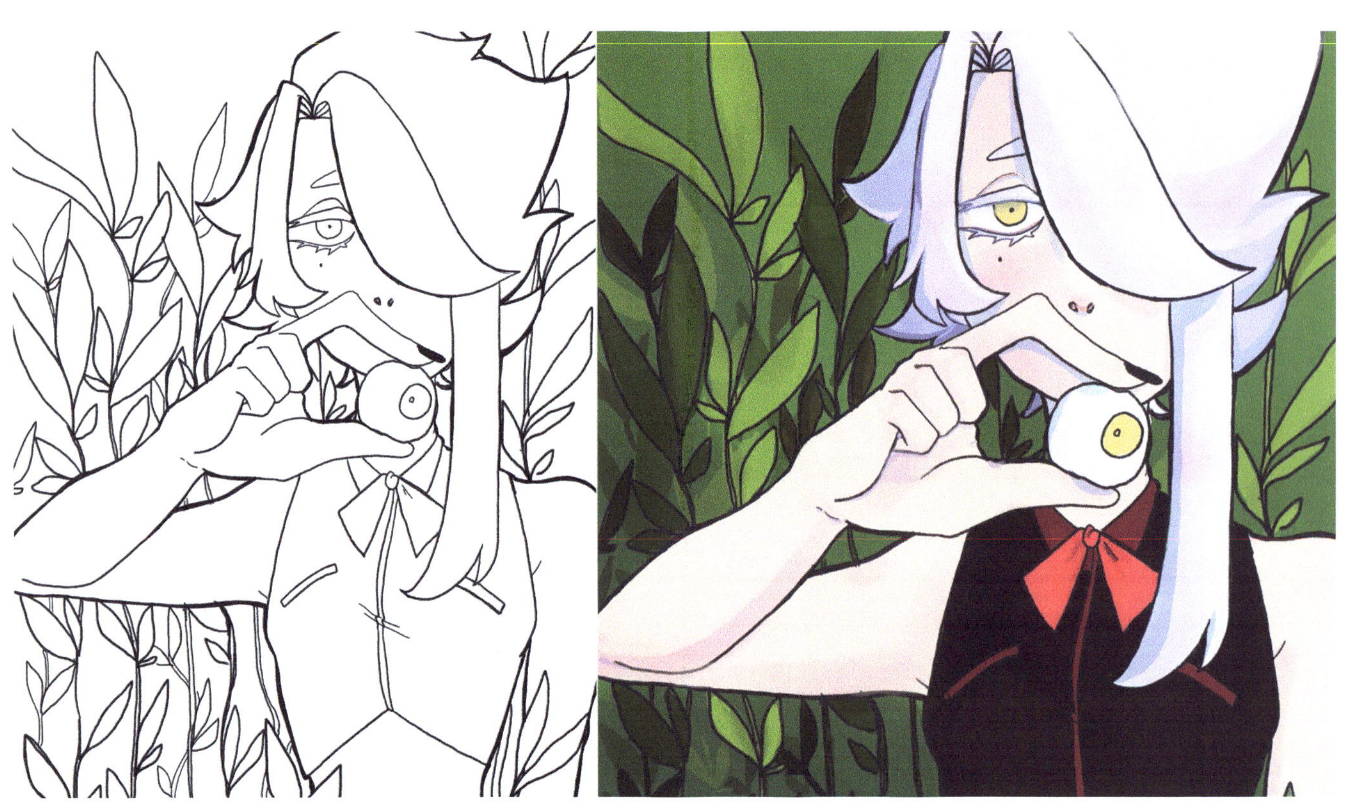

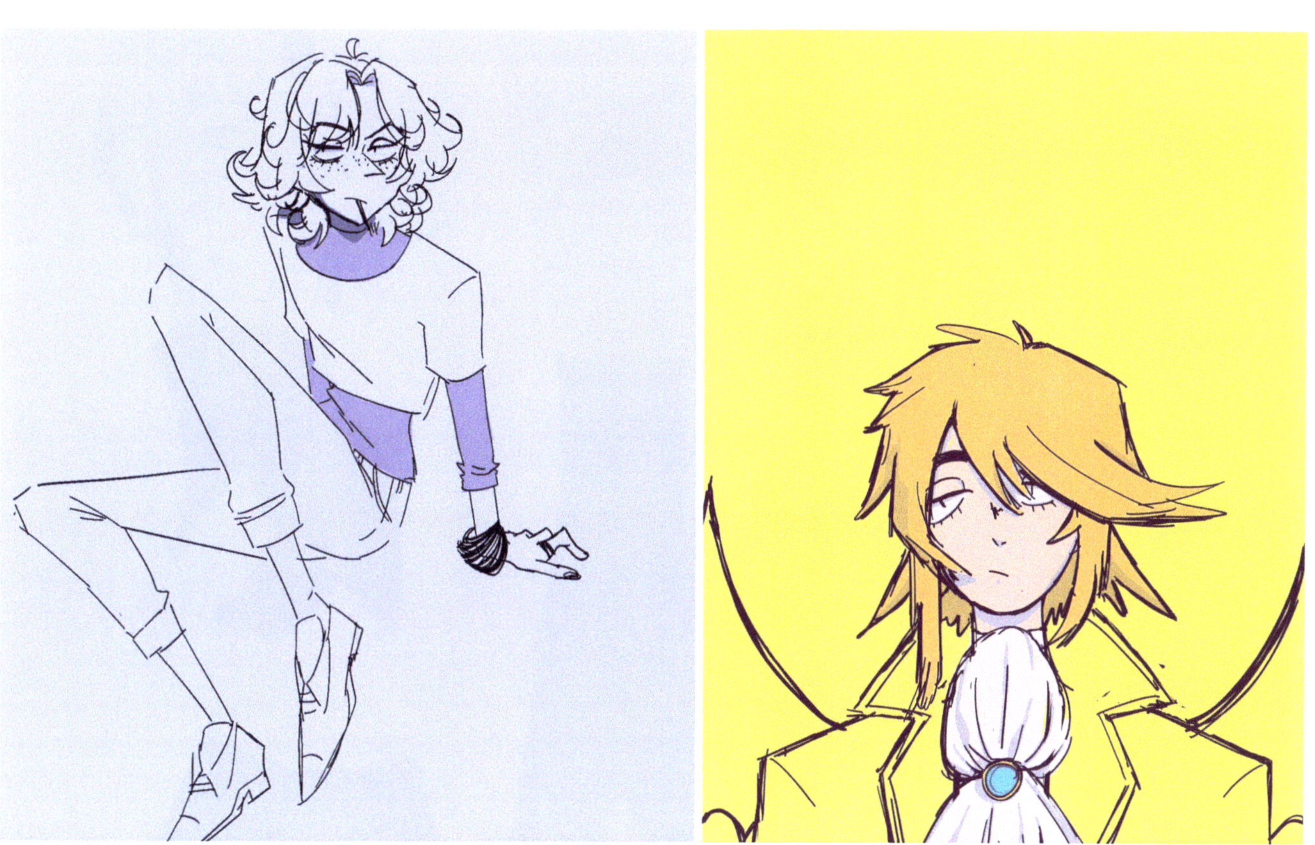

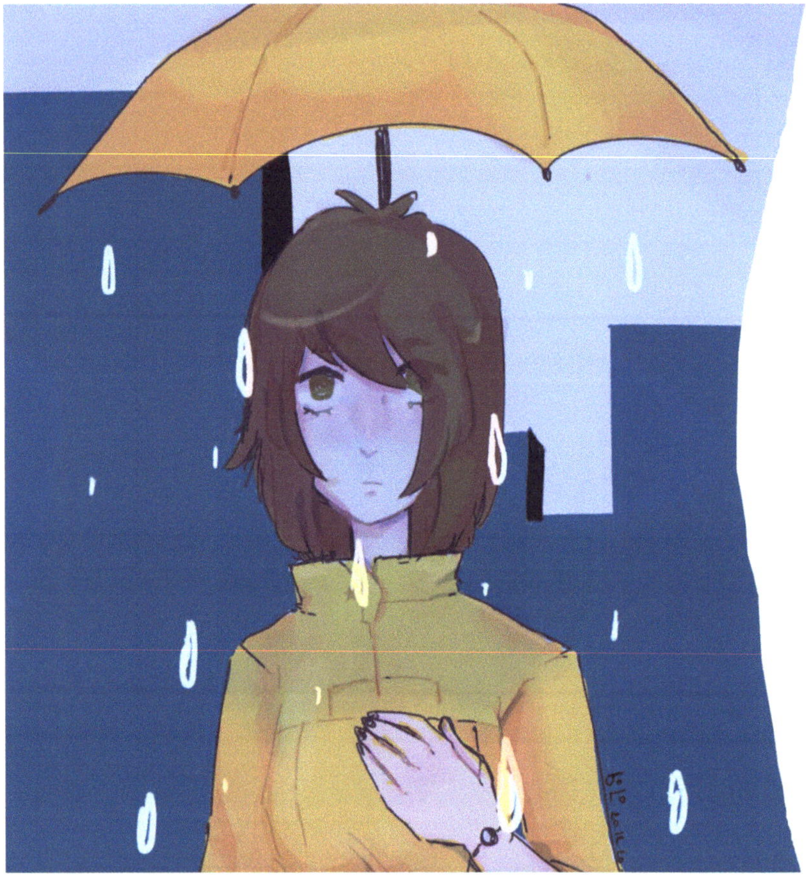

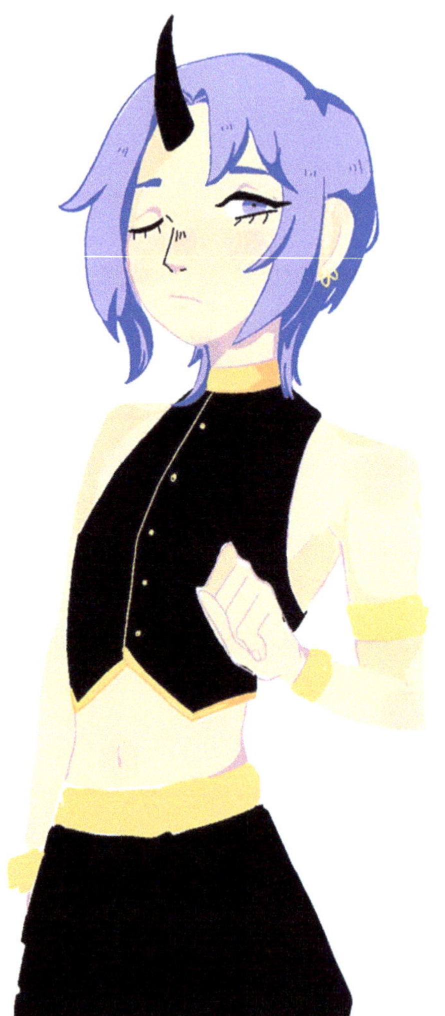

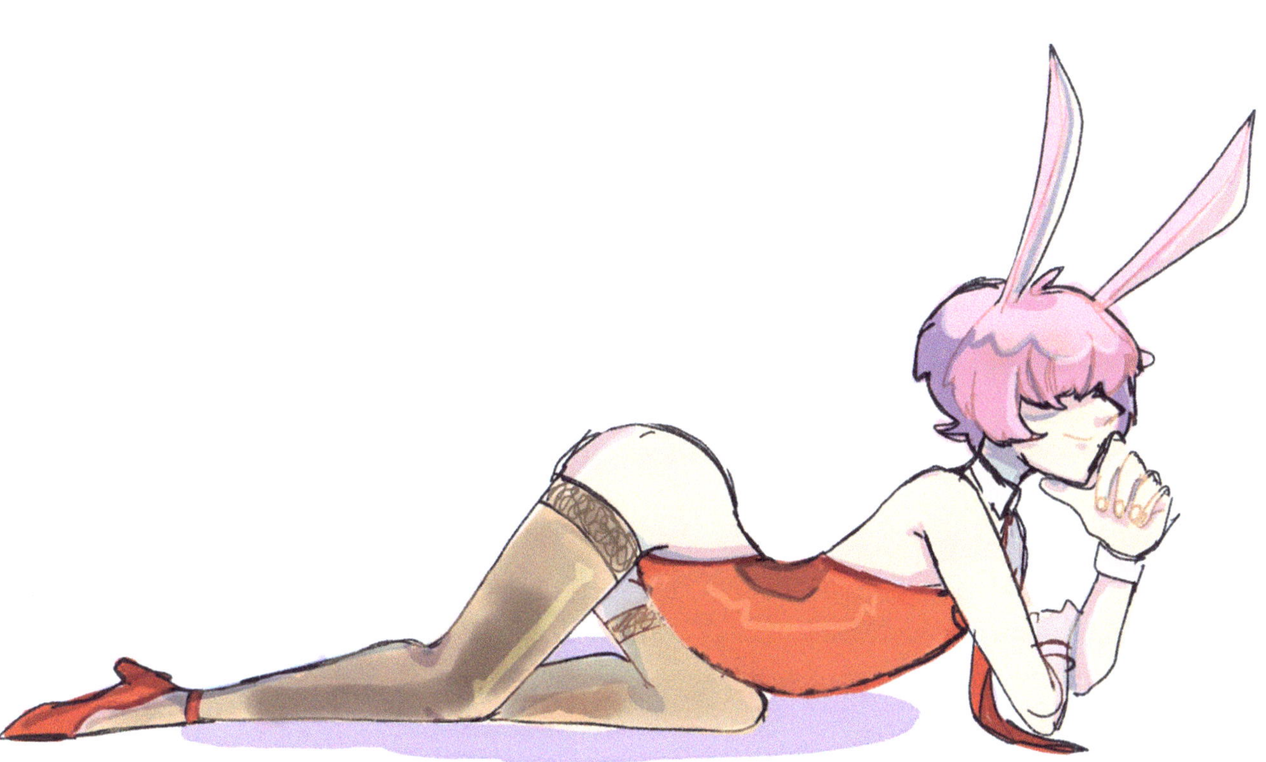

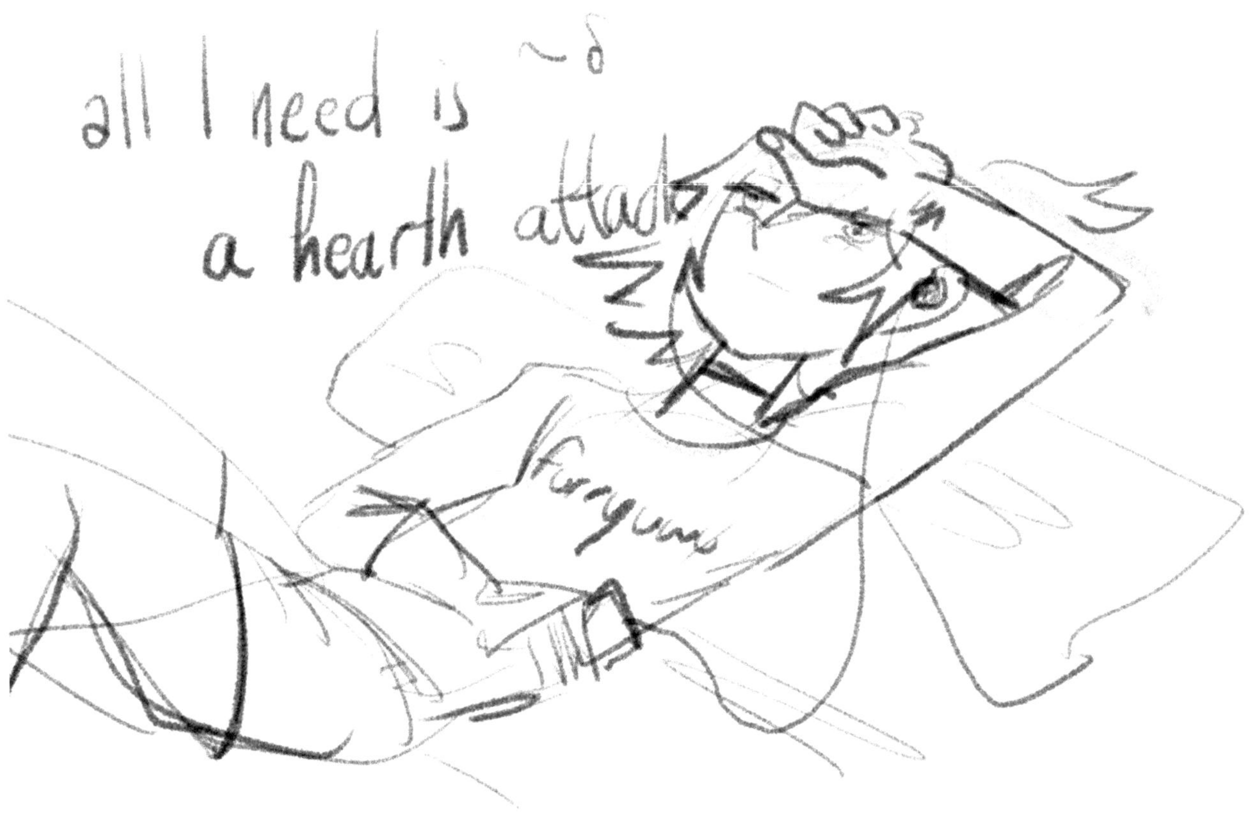

all I need is
a hearth attack

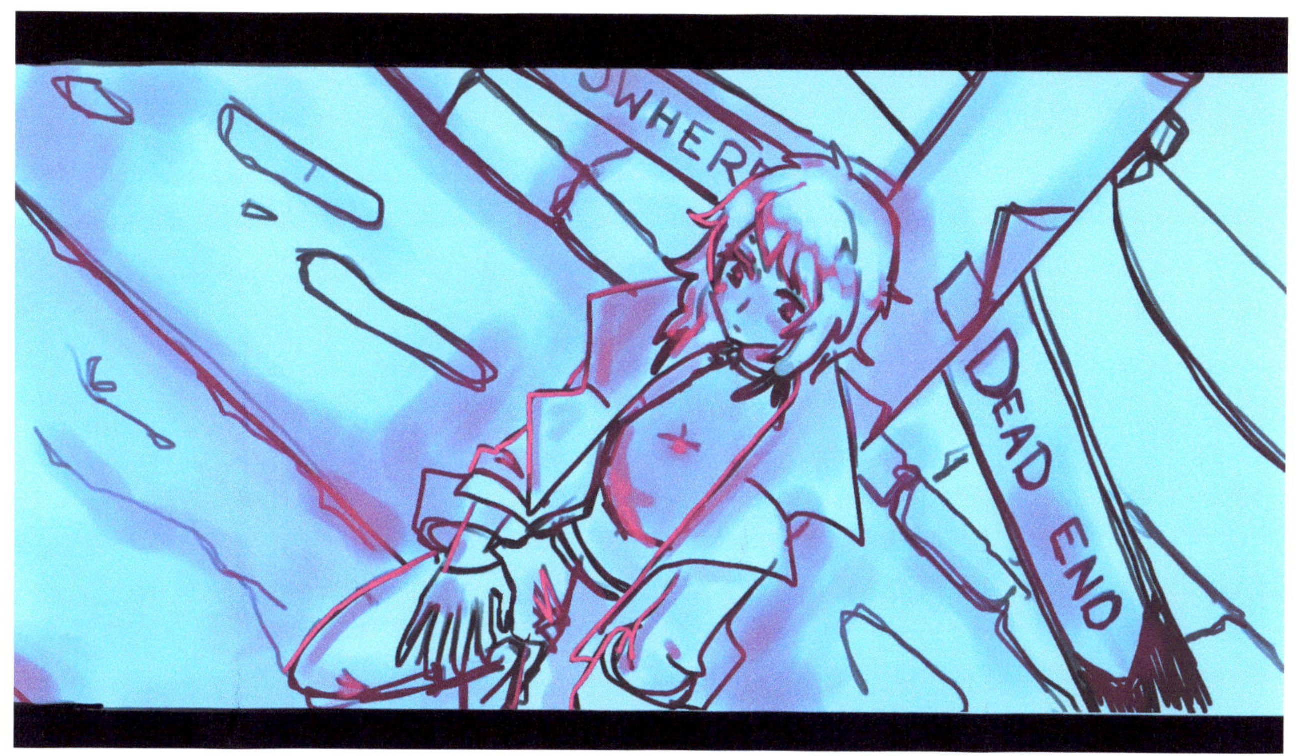

Remerciements de l'auteur

Boloniaise remercie ses amis, sa famille et son paternel pour les opportunités et le soutien.
Et remercie toutes celles et tous ceux qui achètent ce bouquin.

Remerciements de l'éditeur

Pareil. Un merci tout spécial à *boloniaise*, dessinatrice et jeune femme inspirée.

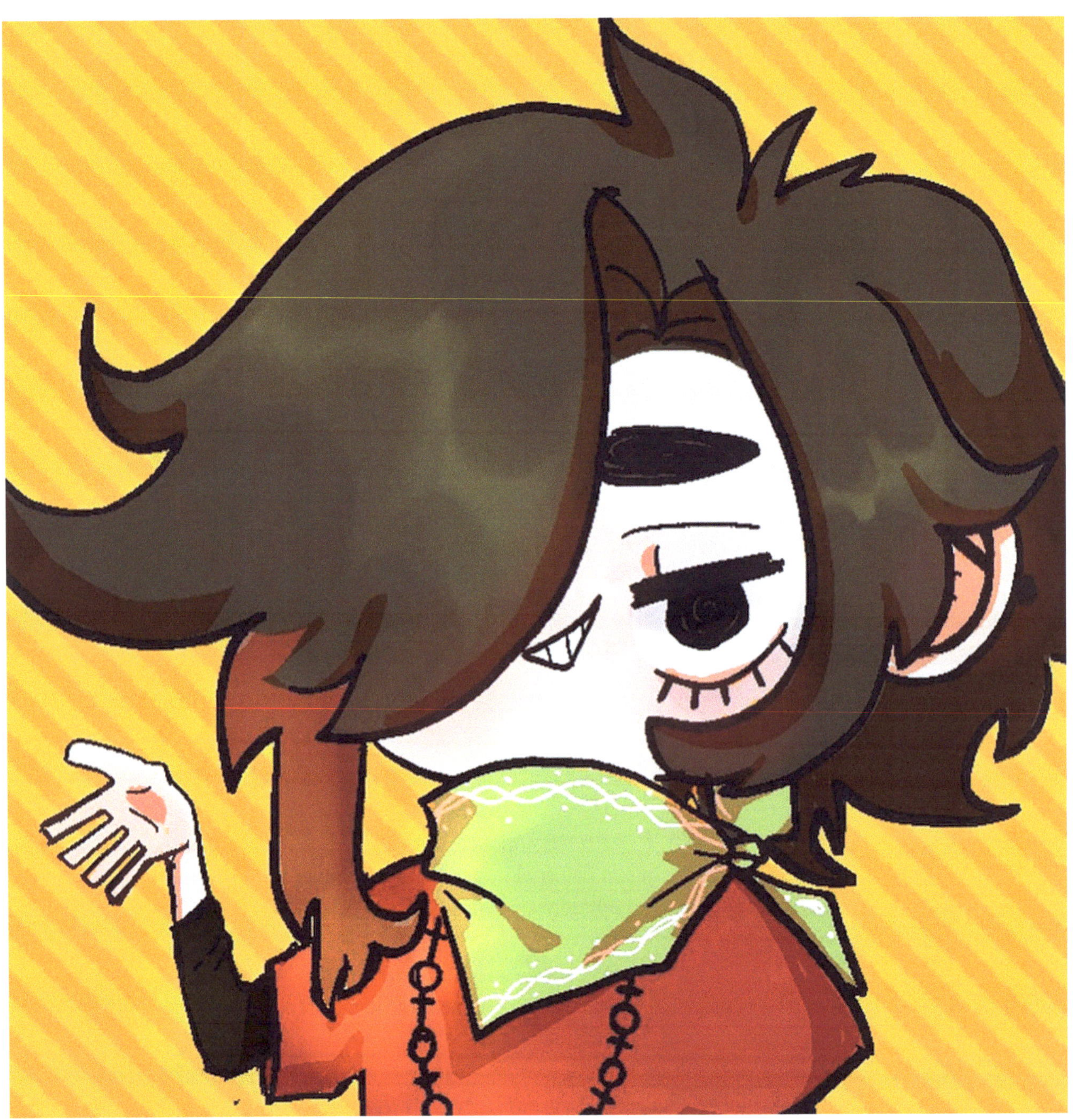

The Melmac Cat

Liste des parutions

001 – *L'illusion du belvédère*, Patrick Coulomb (2016)
002 – *La porte des dragons*, Patrick Coulomb (2016)
003 – *#TCDJ, Le titre con du jour,* collectif (2016)
004 – *Plan de Campagne*, Stéphane Sarpaux – co-édition avec Gaussen (2017)
005 – *La liste d'attente*, Robert P. Vigouroux – co-édition avec Gaussen (2017)
006 – *Fun TV Club, l'intégrale* (2017)
007 – *On l'appelle Marseille*, Patrick Coulomb – co-édition avec Gaussen (2017)
008 – *Marseille, an 3013,* collectif – co-édition avec Gaussen (2018)
009 – *Docteur Miam*, Patrick Coulomb (2018)
010 – *Une collection de monstres*, Patrick Coulomb (2019)
011 – *Star*, Sébastien Doubinsky (2019)
012 – *Le feu au royaume*, Sébastien Doubinsky (2019)
013 – *Orenœn*, Patrick Coulomb (2019)
014 – *Vienne le temps des dragons*, Patrick Coulomb (*La porte des dragons + Orenœn*) (2019)
015 – *Il était une fois dans la bibliothèque,* collectif – co-édition avec Gaussen (2019)
016 – *La théorie des dominos*, Sébastien Doubinsky (2020)
017 – *Le chemin le plus court n'est pas la ligne droite*, Patrick Coulomb (2020)
018 – *Pestilence*, Bruno Leydet (2020)
019 – *Voyages immobiles en temps de confinement,*
collectif – co-édition avec Ramsay (2020)
020 – *14 histoires de musique(s) à Marseille,*
collectif - co-édition avec Gaussen (2020)
021 – *La femme qui mangeait des fleurs*, Guillaume Chèrel

The Melmac Cat

Liste des collections

Melmac / Ailleurs(s)
L'illusion du belvédère - Patrick Coulomb
Vienne le temps des dragons (vol. 1 *La porte des dragons*) – Patrick Coulomb
Vienne le temps des dragons (vol. 2 *Orenoen*) – Patrick Coulomb
Marseille, an 3013 – collectif
Il était une fois dans la bibliothèque – collectif
Pestilence, Bruno Leydet

Melmac / Esprit Noir

Le feu au royaume – Sébastien Doubinsky

Star – Sébastien Doubinsky

La théorie des dominos – Sébastien Doubinsky

Le chemin le plus court n'est pas la ligne droite – Patrick Coulomb

La femme qui mangeait des fleurs – Guillaume Chèrel

Melmac / Pop

#TCDJ, Le Titre Con Du Jour - collectif TCDJ

Fun TV Club, l'intégrale

Docteur Miam - Patrick Coulomb

Une collection de monstres – Patrick Coulomb

14 histoires de musique(s) à Marseille – collectif

The Melmac Cat
Parutions à venir

Julia, une île – Olivier Boura

Surf – François Thomazeau

26 mai 1993 – Giovanni Privitera

Boulevard des rats – Patrick Coulomb

Illustration de couverture
dessin de *boloniaise*
maquette © The Coolpop Agency

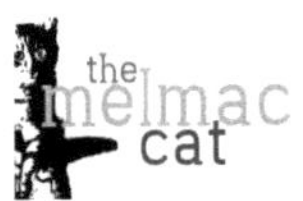

The Melmac Cat vient d'une autre planète.
Ses collections sont ouvertes aux récits de fiction
et de genre, aux chroniques et à la poésie urbaine.
Et au reste, bien sûr.
-
Sous la voûte céleste, ou autre.

MERCI
THANKS
GRAZIE
GRACIAS
OBRIGADO
SPASIBA
DANKE
TAK
TODA
CHENORHAGALOUTIOUN
CHOUKRAN
JERE JEF
ASANTE
XIEXIE
NAMASTE
ARIGATO